Jens Behrens (Hrsg.)

DAO der Kampfkunst

Ein gesunder Weg für Kinder und Erwachsene

Minerva Verlag Berlin

Für Arlette, Max & Paula

Bibliografische Information der Deutschen Nationalbibliothek: Die Deutsche Nationalbibliothek verzeichnet diese Publikation in der Deutschen Nationalbibliografie; detailierte bibliografische Daten sind im Internet über www.dnb.de abrufbar.

Inhalt

Vorwort

Wahrhaftig und sinnvoll leben im Hier und Jetzt – das ist ein Ziel in vielen Künsten. Seit Jahrhunderten widmen sich die Menschen vieler Kulturen diesem Weg. Will man umfassend wahrnehmen, erkennen, durchdringen, um sinnvoll zu verändern, dann macht es Sinn, sich mit den Jahrtausende alten asiatischen Erfahrungen zu beschäftigen. Hier waren die antiken Chinesen mit ihrem Konzept von Qi und Dao wahre Meister.

Gesunde Kampfkunst benötigt einen geschützten Ort. Es ist dies der Ort des Weges (chinesisch: dào-wǔguǎn, 道-武馆, japanisch: Dōjō, 道場) und natürlich sind auch theoretische Bemühungen hilfreich. In Asien sind es traditionell eher die Klöster gewesen, die den nötigen Abstand zu den Verstrickungen des Alltags ermöglichten, um einen positiv kritischen Blick auf die Wirklichkeit werfen zu können.

Aufgang zu einem daoistisches Kloster in der Nähe von Hangzhou

Es ist auch in der modernen Welt möglich, ähnlich geschützte Orte zu schaffen. Das sichert auch die Chance zur Bewahrung alter Schätze und zur sinnvollen Veränderung des Gegebenen. Nicht politische oder wirtschaftliche Revolutionen sind hier das Thema, sondern die Gestaltung des menschlichen Lebens entsprechend seiner Einbindung in die natürlichen Gesetze unserer Wirklichkeit. Dazu wird seit Jahrtausenden geforscht und vieles kann man mit einem mutigen Blick entdecken und entwickeln.

Dieses Buch ist ein Beispiel für einen seit Jahrzehnten praktizierten gesunden Weg der Kampfkunst. Es zeigt Möglichkeiten, sich gesund und undogmatisch mit asiatischer Kampfkunst zu beschäftigen. Wir stellen dar, wie Kampfkunst trainierbar ist, ohne die damit oft verbundenen äußeren Anreize zu benötigen. Kampfkunst braucht keine Wettkämpfe, Pokale oder Medaillen. Wie das für alle Altersgruppen – vom Kind bis zum Rentner – funktionieren kann, wird hier skizziert. Sicher stehen wir damit nicht allein. Wir wollen all jenen Mut machen, die sich auf ähnliche Art und Weise um die Erhaltung ursprünglicher Gehalte der Kampfkunst bemühen.

Auch die absolute Trennung von chinesischer, japanischer, koreanischer Kampfkunst wird bei näherer Betrachtung und moderner Forschung immer schwieriger. Es ist nicht neu in der Geschichte der Kampfkunst, dass verschiedene Traditionen geprüft werden und dadurch Neues entsteht. Es ist zudem meine Überzeugung, dass Meditation, Qigong, Taiji und Wushu verschiedene Aspekte eines Ganzen sind. Beschäftigt man sich zudem mit chinesischer Medizin und Philosophie, dann nähert man sich dem Ideal einer umfassenden, reflektierten und gesunden Lebensweise entsprechend der antiken Denkweise. Insbesondere die Meditation als höchste Form dieses Weges bringt uns die Erfahrung einer umfassenden kosmischen Wahrheit näher, in die wir eingebettet sind und über die in vielen alten Schriften berichtet wird.

Ich folge den Wegen der Kampfkünste nun seit fast vierzig Jahren und noch immer lerne ich jeden Tag dazu; nicht nur von meinen Meistern oder aus Büchern, sondern auch von meinen Schülern, unter denen sehr viele Kinder und Jugendliche sind. Für jede Begegnung, für jede Trainingsstunde bin ich dankbar. Das verständnisvolle und friedliche Miteinander der Menschen ist ein wesentliches Merkmal dieses Weges.

Was mich besonders freut, ist die Tatsache, dass auch einige Schüler Texte verfasst haben und das Konzept unserer Schule dadurch für den Leser sehr lebendig wird. Einige Übersichten sollen praktische Hilfe für den interessierten Leser bieten.

Wie immer in Philosophie und Kunst ist es nicht möglich, das Wahrhafte gänzlich zu beschreiben. Beim Wesentlichen versagt gerade bei energetischen Themen zu oft die Kraft der Begriffe. Doch wenn wir sinnvolle Fragen gestellt haben, ist viel erreicht.

Nahezu kein Lebensweg verläuft geradlinig. Es sind vor allem Probleme und Krisen, die uns herausfordern und Chancen auf Veränderung und wirklich Neues in sich bergen.

Wir möchten mit unseren Zeilen Mut machen, sich intensiv auf gesunde Art und Weise mit diesen Dingen zu befassen und sich immer wieder und jeden Tag dem Training zu widmen. Die Wahrheit der Kampfkunst beweist sich nicht nur im Trainingsraum, sondern in jeder Sequenz des Alltages. Es ist dies ein allumfassender Weg des Lebens.

Freudenberg/Berlin im April 2015

Zeichnung: Dörte Michaelis

Die Philosophie des DAO-Trainings

Der chinesische Begriff „Dao" (道, dào) kann bekanntlich, wie jedes chinesische Zeichen, nicht eins zu eins ins Deutsche übersetzt werden. Bilder sind Gegenstand von Interpretationen, die wiederum mindestens vom jeweiligen Kenntnisstand des Interpreten abhängen. Seit der philosophischen Begründung des Daoismus (道教, dàojiào) durch Laozi (老子, Lǎozǐ, 6. Jahrhundert v. Chr.) im antiken China, wird dieser Begriff immer wieder zum Gegenstand der Forschung.[1] In erster Annäherung können wir das Dao-Zeichen mit „sinnvoller Weg" übersetzen. Dieses chinesische Zeichen enthält verschiedene Bedeutungen: „Sinn", „Bewusstheit", „der rechte Weg" oder auch „Gehen". Das Verhältnis des Menschen zu sich und zur Natur als Grundlage alles Lebens ist im daoistischen Denken das übergreifende Thema.

Es ist eine alte Frage, wie man gut, besser und vernünftiger leben kann. Diese Sinnfrage beschäftigt Philosophen und Dichter schon von alters her. Die Kritik des Gegebenen ist schon immer ein heikles Unterfangen, besonders wenn man nicht beim bloßen Negieren stehen bleiben möchte. Eine Alternative wäre die positive Kritik. Das Maß dieser Kritik findet sich nach daoistischer Auffassung in den natürlichen Prozessen. Die alten Schriften geben hier wertvolle Hinweise, von denen wir noch heute sehr viel lernen können. Wer aber über das Dao sagt, er hätte es verstanden, er kenne den Weg, der ist eher weit entfernt davon:

> „道可道。非常道" dào kě dao fēi cháng dào."
> „Das sagbare Dào ist nicht das absolute Dào."[2]

Es gilt also, stets bescheiden und vorsichtig zu sein. Die Natur als Vorbild ist ein wichtiger Eckpfeiler. Sie lehrt auch Demut. Wer sich hervorhebt und glaubt, die Massen belehren zu müssen, wird aus dieser Tradition heraus eher wenig glaubwürdig sein. Wer sich nach außen hin aufwendig schmückt und der äußeren Erscheinung übermäßigen Wert zuerkennt, der wird in seinem Inneren ärmlich sein. Wer stetig viele Antworten präsentiert, anstatt wirkliche Fragen zu stellen, der wird sinnvoll auf Dauer kaum überzeugend argumentieren können. Wir werden uns den Tugenden der Kampfkunst im Weiteren noch annähern.

Die Denker beklagen seit alters her die Sucht des Menschen nach Reichtum, Gewinn und Sieg. Modernes war vielen Philosophen oft verdächtig, das wahrhaft Sinnvolle zu verfehlen. Im Abendland traten die Vernunft und der Fortschrittsglaube einen Siegeszug an. Allein der Glaube daran wird brüchig. Es macht also in diesem Zusammenhang Sinn, sich den Weg der alten Chinesen, der Daoisten, näher anzusehen. Das waren Philosophen, die der Natur mehr vertrauten als dem Modernen, die die Sinne schützen wollten und die wirkliche Einheit von Körper, Geist und Seele sehr hoch schätzten. Und es waren Denker, die sich noch selber in den dazugehörigen Übungssystemen bewegten.

Bereits im Huáng Dì Nèi Jīng (黃帝內經), eines der ältesten Bücher der Welt, welches sich dem Thema wirklicher Gesundheit umfassend widmete und in einem Zeitraum von mehreren Jahrhunderten zusammengetragen wurde[3], steht geschrieben, wie die Kultivierung des Dao anzugehen sei. Wir können jeden Tag davon lernen. Dort wird zum Beispiel die Frage gestellt, warum denn nur die Menschen so schnell altern und kaum fünfzig werden. Die Antwort lautet:

„岐伯對曰：上古之人，其知道者，法於陰陽，和於術數，食飲有節，起居有常，不妄作勞，故能形與神俱，而盡終其天年，度百歲乃去.“

„Qi Bo antwortete: In der Vergangenheit praktizierten die Menschen das Dao, den Weg des Lebens. Sie verstanden das Prinzip des Gleichgewichts von Yin und Yang, wie es sich in den Wandlungen der Energien des Universums widerspiegelt. Sie entwickelten Praktiken wie die des Daoyin, einer Kombination von Dehnungsübungen, Massagen und Atemtechniken, um den Fluss der Energie zu unterstützen. Sie übten sich in Meditation, um in Einklang mit dem Universum zu kommen. Sie aßen ausgewogen und regelmäßig, sie vermieden jede geistige und körperliche Überanstrengung, sie standen zu bestimmten Zeiten auf und gingen zu bestimmten Zeiten zu Bett und waren in jeder Hinsicht maßvoll.“[4]

Dies ist auch heute noch ein eher stiller Weg abseits der goldenen Wettkampfstätten. Die Klöster sind eher bescheiden und mit wenig Prunk ausgestattet. Auch die Kleidung der Daoisten ist naturverbunden, der Wohnstil und die Ernährung nach den Geboten der Natur gewählt. Der Mensch wird als Bestandteil der Harmonie des universellen Zusammenhangs gesehen und nicht als Herrscher. Das betonen auch heute viele kreative Denker.

Vor nicht langer Zeit hatte ich ein Gespräch in Hangzhou (China) mit einem geschätzten chinesischen Freund, der wie ich der Philosophie und dem Taiji viel Zeit widmet. Er beklagte die geistige Armut des modernen Chinesen, der vor lauter Geldgier die wahrhaften Wurzeln der chinesischen Kultur verliert. Man solle vielmehr die großen Texte der chinesischen Antike nicht vergessen, diese würden einen recht sicheren Weg inmitten der modernen Irrtümer weisen.

Wir in deutschen Landen rezipieren bei gründlicher Beschäftigung mit den asiatischen Bewegungs- und Heiltraditionen das Huang di Neijing (黄帝内经), das Shang Han Lun (伤寒论), das Dao De Dsching (道德經/道德经) oder auch das I Ging (易經/易经). Die großen Denker und Ärzte des alten China sind uns recht vertraut, wie etwa Laozi (老子, Lǎozǐ), Dschuang Dsi (莊子, Zhuāngzǐ), Konfuzius (孔夫子, Kǒng Fūzǐ) oder auch berühmte Ärzte wie Zhang Zhong Jing (張仲景, Zhāng Zhòngjǐng) oder Sun Simiao (孙思邈/孫思邈, Sūn Sīmiǎo).

Es liegt nahe, diese Denker mit den Philosophien der eigenen Tradition ins Verhältnis zu setzen. Da sind einige sofort zu nennen: so der große Heraklit mit seiner Theorie der Gegensätze und des Fließens, der Gigant Aristoteles mit seiner Form-, Stoff- und Naturauffassung oder in späteren Zeiten Hegel, der uns lehrte: „Das Ganze ist das Wahre. Das Ganze aber ist nur das durch seine Entwicklung sich vollendende Wesen."[5] Viele Europäer haben den Weg nach Asien gewagt und Großes geleistet, wie etwa Eugen Herrigel in Japan oder Richard Wilhelm in China.

Macht es im modernen Leben des 21. Jahrhunderts Sinn, die alten Chinesen ernst zu nehmen? Können uns die alten Schätze der chinesischen Klassik wirklich helfen? Diese Welt, in der Philosophie, Medizin und Kampfkunst noch eine Einheit waren? Es ist ein uraltes kulturübergreifendes Ideal, welches den Denker, den Krieger und den Heiler verbindet. Die konkreten Vorbilder sind bekannt. Der legendäre Mönch Zhen Wu (真武) war ein solcher vom Wudang Shan: ein Prinz, ein Kämpfer und ein Mönch, bewandert in der Naturmedizin der alten Chinesen. Als ich im Wudang-Gebirge war, „sprach" die Natur regelrecht mit mir. Ich fühlte, was einst vielleicht auch den legendären Zhang

Wudang Shan – ein Ursprungsort des Taiji

San Feng zur Begründung des Taiji als Kampfkunst bewogen hat. Wer ernsthaft Kampfkunst trainiert, sollte immer wieder ausdauernd die Natur studieren.

Aber ist ein solcher Weg heute von Bedeutung? Wenn die Antworten schwer fallen, ist das ein eher gutes Zeichen. Wenn der Rückzug in einen behaglichen Bambushain kein tragfähiger Weg ist, dann kann das aktive Ergründen möglicher Alternativen zum Mainstream doch sinnvoll sein. Hermann Hesse hat bereits sehr deutlich gemacht, dass wir vor allem das Fragen-Stellen von den Asiaten lernen können. Es mache aber wenig Sinn, Chinese werden zu wollen.[6]

In der DAO-Kampfkunstschule in Berlin trainieren wir seit vielen Jahren Taiji, Meditation, Qigong und Wushu. Was für viele als normal in der Kampfkunstszene gilt, fehlt hier. Es ist ein Weg ohne Shows, ohne Wettkämpfe und nahezu ohne Graduierungen sowie ohne ständige Prüfungen. Die Trainingsfläche eignet sich nicht für Massenveranstaltungen. Das Schulkonzept ist auf gesundes und individuelles Lernen ausgerichtet. Wer hierher kommt, möchte nicht schnell über Andere siegen. Ab vier Jahren bis hin zum Rentenalter wird hier trainiert. Im Normalfall bleiben die Schüler viele Jahre.

Der chinesische Weg geht immer über den Körper. Meditation, Qigong, Taiji und Wushu sind Momente eines ursprünglich einheitlichen Konzeptes. Es ist dies in Wahrheit ein Weg der Stille und des Friedens. Die Chinesen nennen es Wú Wéi (无为/無爲), das

Handeln im Nicht-Handeln. Das ist ein aktiver Weg, der die Verbindung mit der Wirklichkeit sucht und das Gegebene in Frage stellt. Das lang gesuchte Maß der Kritik findet sich in der natürlichen Einheit des uns umgebenen Universums. Der Mensch wird sich um seine natürliche Basis immer aktiv kümmern müssen, was auch Zhuang Zi betonte: „Ich weiß davon, dass man die Welt leben und gewähren lassen soll. Ich weiß nichts davon, dass man die Welt ordnen soll. Sie leben lassen, das heißt, besorgt sein, dass die Welt nicht ihre Natur verdreht; sie gewähren lassen, das heißt, besorgt sein, dass die Welt nicht abweicht von ihrem wahren Leben. Wenn die Welt ihre Natur nicht verdreht und nicht abweicht von ihrem wahren Leben, so ist damit die Ordnung der Welt schon erreicht."[7]

Im alten China sprach man von Harmonie und Disharmonie. In der Analyse der Gesundheit geht es eher um Prozesse, statt um Zustände. Die letztlich einzige Wahrheit der Daoisten ist die Wandlung. Sich darum zu kümmern, ist noch nie selbstverständlich gewesen. Laotse schrieb über einen solchen Menschen: „Er wendet sich dem zurück, an dem die Menge vorübergeht."[8]

Die Moderne ist nicht nur von den geschätzten Erfolgen der Zivilisation, wie etwa Rechtsstaatlichkeit und Demokratie, sondern auch von einer extremen Geschwindigkeit gekennzeichnet. Der westliche Lebensstil ist aus bestimmter Perspektive zwar fortschrittlich, aber vor allem auch ungesund. Es gibt diese Kritik schon lange recht systematisch, zum Beispiel bei Hölderlin, Nietzsche, Schopenhauer und später dann auch bei Herbert Marcuse. In der politischen Praxis wehren sich heute Umweltschützer, Nichtregierungsorganisationen, Naturheilkundige und auch Biolandwirte immer erfolgreicher gegen die negativen Auswirkungen des westlichen Fortschritts.

Doch für sehr viele Menschen, vor allem auch im modernen China, gelten im Alltag eher folgende Regeln; gleichsam sind es *Fallen des modernen Lebensstils*:

- Sei immer und überall erreichbar mit deinem Mobiltelefon!

- Checke ständig deine Mails und andere Nachrichten!
  Aktualisiere täglich deinen Status in den sozialen Netzwerken!

- Iss schnell und möglichst unterwegs, um wertvolle Zeit zu sparen!

- Sei immer bereit, über die normale Arbeitszeit hinaus zu arbeiten!

- Vernachlässige den alltäglichen Sport, das kostet sowieso zu viel Kraft!

- Eile von Termin zu Termin und beklage dich nicht; der Chef hat immer recht!

- Ignoriere Suchttendenzen, etwa in den Bereichen Sex, Alkohol, Rauchen, TV, Spiele etc.!

- Gewöhne dich an deinen Tinnitus, an Schmerzen, an Nachtschweiß und an die immerwiederkehrenden Schlafprobleme! Wer stark ist, jammert nicht!

- Höre endlich auf, das Schöne der Natur auch in deinem Alltag erleben zu wollen! Das können sich nur romantische Spinner oder esoterische Spinner leisten.

Verhalte dich so und du hast die große Chance, einen sogenannten Burnout oder eine Depression zu erleiden. Oftmals sind diese Krankheiten von einer umfassenden Erschöpfung gekennzeichnet, die nicht durch einfache Erholung beseitigt werden kann.

Es ist nicht nur eine protestantische Ethik, die uns suggeriert, dass wir durch entsprechenden Fleiß bei der Arbeit ein Glücksversprechen einlösen könnten.[9] Das Vorbild der mönchischen Askese hat beim systematischen Wettbewerb um den maximalen Gewinn keinen Platz mehr. Als ich in China meine Studien zum Burnout diskutierte, merkten viele Chinesen an, dass das ja alles nachvollziehbar sei, aber man könne doch nicht die Forderungen des Chefs kritisieren. Auch hier zu Lande höre ich immer wieder, man komme doch aus diesem Hamsterrad sowieso nicht raus. Sich quasi aufzuopfern im Arbeitsleben ist eine nahezu ethische Maxime geworden. Heute weiß man, dass es notwendig und machbar ist, Alternativen zu diesem ungesunden Sog des modernen Lebensstils zu entwickeln.

Veränderungen verlangen sinnvolles und systematisches Handeln. Der Weg der klassischen Chinesen entschleunigt und lässt uns etwas mehr nachdenken über Alltägliches. Scheinbar Selbstverständliches wird möglicherweise in Frage gestellt. Was heute gültig ist, muss morgen nicht zwingend eine Wahrheit sein.

Es gibt in der Kampfkunst keinen anderen Weg als das tägliche Üben bzw. Training. Das hat viel zu tun mit einer spezifischen Auffassung von „wirklicher" Kunst. Auch in der DAO-Kunst ist zunächst das Handwerk wichtig. Man muss ausdauernd lernen und stetig wiederholen. Das sind Eckpfeiler des wahrhaften Lernens immer und überall. Und es gibt beim systematischen Durchdringen des scheinbar Bekannten natürlich die Irrwege ebenso wie die Momente des Sonnenscheins. Auch das verbindet letztlich die Künste. In der Kampfkunst, wirklich als Kunst trainiert, treffen sich völlig verschiedene Menschen wieder. So habe ich Schüler im Erwachsenenbereich, die von Beruf Tänzer, Keramiker, Maler, Musiker, Tischler, Filmemacher, Schnitzer, Gärtner, Grafiker, Architekt oder Hebamme sind. Die sonst so wichtigen feinen Unterschiede der verschiedenen Lebenswelten werden hier unwichtig. Man lernt einander anders kennen und verstehen. Es ist ein Weg, der unterschiedliche Kulturen und Sprachräume verbinden kann.

Es geht letztlich auch um ein bleibendes philosophisches Thema: die Freiheit des Geistes. Die Daoisten stellen vor allem folgende Fragen im Bereich der Kultivierung des Geistes:

-     Wozu bin ich da?

-     Was will ich tun?

-     Wie will ich das tun?

-     Und letztlich die praktische Frage:
  Welche Kompromisse möchte ich dafür eingehen?[10]

Das sind Grundfragen, denen man im Alltag gerne ausweicht, weil sie zu groß sind, für die man sich Zeit nehmen muss, die man nicht alleine beantworten kann, die man sich immer wieder stellen muss.

Beim DAO-Training geht es zudem immer um die elementaren Grundlagen des Lebens, etwa das Atmen, das Stehen, das Laufen, das Sehen, das Reagieren, das Fühlen, das Schöne, das Erdende, das Wurzeln, das Ausstrahlen, das Selbstbewusste, das Visionäre etc. Eine zentrale Frage aber ist meines Erachtens, wie ich mit mir und mit anderen Menschen umgehe, wie ich sie akzeptiere und achte und, zumindest im innersten Kreis meines Lebens, ob ich sie liebe. Ohne wirkliche Liebe kann man nicht wahrhaft menschlich sein. Nicht umsonst bezeichnen die klassischen Chinesen das Herz als Kaiser im Organ- und Leitbahnsystem des Menschen. Diese Tatsache sollten sich vor allem alle pädagogisch arbeitenden Menschen zu eigen machen. Erfolgreiches Unterrichten bedeutet, dem Schüler zu helfen, seinen eigenen Weg zu gehen. Dies werden wir noch genauer vor allem im Kapitel Kindertraining untersuchen.

DAO-Qigong

Detail aus einem Fries
im Shaolinkloster

*Die wahren Menschen holen ihren
Atem von ganz unten herauf,
während die gewöhnlichen
Menschen nur mit der Kehle atmen.*
Dschuang Dsi

Die einzigartige Arbeit mit dem Qi (氣/气) ist das zentrale Kennzeichen der chinesischen Kultur. Über diesen Begriff gibt es unzählige Abhandlungen sowohl für den Laien als auch für den Experten. Der interessierte Leser wird hier sicher schnell fündig. Wir wollen diesen daoistischen Zentralbegriff der chinesischen Medizin, der im Japanischen Ki (気) und im Indischen *Prana* genannt wird, hier lediglich mit „Lebensenergie" übersetzen, da uns das für unsere Zwecke zunächst ausreicht. Was aber ist Qigong (氣功/气功, qìgōng)? Gong bedeutet im Kern „Anstrengung", „Arbeit", „Fähigkeit" oder „Können". Somit sind Qigong-Übungen alle jene, die sich der Pflege, Erhaltung, Lenkung und Kultivierung des Qi widmen. Qigong ist demzufolge ein sehr umfassender Begriff.

Die drei Säulen einer jeden Qigong-Übung

Es findet sich hier der immer wiederkehrende Schlüssel zum Verständnis der chinesischen Wege: In jeder Qigong-Übung müssen die folgenden drei Säulen enthalten sein:

1. die richtige körperliche Haltung (身, Shēn) bzw. Technik,

2. die vorgeschriebene Atmung, also der Qi-Fluss (气, Qi),

3. die richtige geistige Einstellung (神, Shén) bzw. die Einsicht
in den Sinn der Übung.

Diese drei Säulen begreifen wir als grundlegend für das gesamte DAO-Training in allen Fachbereichen. Es ist nicht nur für das Qigong zentral, sondern auch für das Taiji, das Wushu und die Meditation.

Geschichte des Qigong, Traditionen, Unterscheidungsmöglichkeiten

Die historische Grundlegung des Qigong lässt sich bereits im eingangs erwähnten Huang Di Nei Jing nachweisen. Auch der berühmte Arzt Hua Tuo (110-207, Han Periode) hat bis heute tradierte Qigong-Übungen entwickelt.[11] Eine weitere moderne Quelle stammt aus dem Jahre 1973, als in der Provinz Hunan die Mawangdui Gräber (马王堆, Mǎwángduī) entdeckt wurden. Seitdem wissen wir von antiken Leit- und Dehnübungen (导引图, Dǎo yǐn tú). 1983 folgte der Fund des „Buches der Dehnübungen" (引书, Yǐn shū) in der Provinz Hubei. Beide Funde werden gemeinhin auf das zweite Jahrhundert vor Christus datiert und zeugen von einer bereits hoch entwickelten Form der Körperübung im Sinne des Qigong.

Wie verhält sich der Begriff Qigong zu den Begriffen Taiji und Wushu? Qigong ist der Oberbegriff. Es ist damit zunächst nur die bewusste Arbeit mit dem Qi angesprochen. Es gibt anerkanntermaßen Tausende von Qigong-Systemen.

Eine mögliche Unterscheidung ist die zwischen Dehn- und Atem-Technik. Dehntechniken werden auch Daoyin-Übungen (导引, Dǎoyǐn) genannt. Daoyin lässt sich mit „Leiten", „Dehnen" übersetzen. Weiterhin spricht man von reinen Atem-Techniken (吐纳, Tǔnà). Der Begriff Tuna bedeutet „ausstoßen" und „aufnehmen".

In China gibt es sogar eine staatliche Prüfungskommission zur Anerkennung von Qigong-Systemen. Die chinesischen Behörden sind auf dem Gebiet des Qigong sehr an Kontrolle interessiert. Will man eine Übersicht in diesem riesigen Angebot bekommen, ist es sinnvoll, diese Systeme nach verschiedenen Kriterien zu unterscheiden.

Übersicht 1: Unterscheidungsmöglichkeiten von Qigong-Systemen

Unterscheidung nach der Tradition:

* Daoistisches Qigong,

* Buddhistisches Qigong,

* Philosophisches/konfuzianisches Qigong,

* Medizinisches Qigong,

* Hartes Qigong,

* Volks- oder Bauern-Qigong.

Unterscheidung nach der Bewegungsform:

* Stilles Qigong (jing gong),

* Bewegtes Qigong (dong gong),

* Qigong in Ruhe und Bewegung (jing dong gong).

Unterscheidung nach der Position oder der Ausführung:

* im Gehen,

* im Stehen,

* im Sitzen,

* im Liegen.

Erst seit der Zeit Mao Tse Tung's wird in der heutigen Art und Weise von Qigong gesprochen. Exakt können wir diese Verwendung 1957 erstmalig beim Arzt Liu Guizhen (1920-1982, 劉貴珍) nachweisen.[12] In anderer Weise sprach man vorher eher von Neigong- (innere) oder Waigong- (äußere) Übungen. Da sich aber die klare Trennung zumindest im modernen China begrifflich durchgesetzt hat, versteht man unter Qigong heute eher heilgymnastische Übungen mit medizinischem Charakter.[13]

In China werden derzeit offizielle Übungen von der Chinese Health Qigong Association als Gesundheits-Qigong deklariert: „Die nachfolgenden Übungen bilden den internationalen Qigong-Standard des chinesischen Sportministeriums. Sie wurden in Bezug auf moderne wissenschaftliche Überprüfbarkeit und historische Belegbarkeit ausgewählt und bilden die Pfeiler des Gesundheits-Qigong: Die Wandlung der Muskeln / des Gewebes – Yi Jin Jing, Das Spiel der fünf Tiere – Wu Qin Xi, Die sechs Heillaute – Liu Zi Jue, Die acht edlen Brokate – Ba Duan Jin, Die 12 sitzenden Brokate – Shi Er Duan Jin, Qigong nach König Ma – Ma Wang Dui Daoyin Shu, Der Große Tanz – DaWu, Daoyin Qigong in 12 Übungen – Daoyin Yangsheng Gong Shier Fa, Taiji Fitnessstab – Taiji Yansheng Zhang."[14] Ein weiteres sehr bekanntes Qigong, was sich seit Anfang der 90er Jahre auch im Westen verbreitet, ist das Duft-Qigong „Xiang Gong". Duft-Qigong ist ein sehr effektives medizinisches Qigong.[15]

Gesundheitsfördernde Wirkungen des Qigong

In der westlichen Welt gesteht man den Qigong-Übungen einen zumindest gesundheitsförderlichen Charakter zu. Das ist auch nicht verwunderlich, hält doch unser westlicher Alltag vieles von dem bereit, was wir schon nach dem Huang Di Nei Jing vermeiden sollen:

-      zu langes Sitzen,
-      zu langes Stehen,
-      zu viel Bequemlichkeit,
-      Hetzerei und Übermüdung,
-      Suchtverhalten (Rauchen, Trinken, Drogen, Sex, Spiele etc.),
-      auch ungesundes Essen.

Viele Berufe bieten monotone und damit problematische Belastungen für den menschlichen Organismus, etwa bei den Programmieren, Grafikern etc. Sie sitzen viel zu viel und ertragen extrem monotone Belastungen für die Augen, die Nerven und die Wirbelsäule. Auch Musiker belasten den Körper oft äußerst einseitig. Verkäufer und Servicekräfte müssen viel zu lange stehen. Berufskraftfahrer sitzen zu lange und müssen sich extrem konzentrieren.

Gegen diese Gefährdungen können ergonomische Hilfsmittel in Anspruch genommen werden. Eines der besten Mittel aber ist das ganzheitliche Training! So kann zum Beispiel regelmäßiges Qigong-Training eine umfassende Gesundheitsprophylaxe sein. Auch viele Kliniken in Deutschland arbeiten inzwischen mit Qigong.

Qigong benötigt nicht allzu viel Zeit, nur wenig Platz und keine Übungsgeräte. Es empfiehlt sich aber, die Bewegungsfolgen bei einem erfahrenen Meister zu erlernen. Und natürlich macht das Üben in einer Trainingsgruppe oft mehr Spaß, als sich alleine zu mühen. Viele Schüler berichten mir immer wieder, wie positiv schon eine Trainingsstunde für das Grundgefühl im Alltag sein kann. Auch Kinder sind für solche Übungen sehr dankbar. Man muss mit ihnen nicht zwingend spektakuläres Kungfu trainieren.

Immer häufiger wird die therapeutische Wirkung von Qigong-Übungen untersucht und beschrieben[16], so zum Beispiel bei Parkinson, MS oder Asthma.[17] Selbst in Bezug auf Erschöpfungskrankheiten oder Burnout wird Qigong zunehmend thematisiert.[18] Als Stressmanagement-Methode hat Qigong im Rahmen des § 20 SGB V bereits Eingang in das deutsche Gesundheitssystem gefunden. In China wird die Forschung im Rahmen der Traditionellen Chinesischen Medizin vorangetrieben. In Publikationen der Chinese Medical Qigong Association wird zum Beispiel die mögliche Behandlung von allen möglichen Schmerzleiden (Schulter, Nacken, Kopf etc.), über Diabetes mellitus (DM) bis hin zum chronischen Erschöpfungssyndrom (CFS, CFIDS) thematisiert.[19]

Eckpfeiler eines gesunden Qigong-Trainings

Das Wesen dieser Übungen sind vor allem Streckungen sowie Kräftigung und Dehnung. Das alles dient dazu, den Qi-Fluss im Körper anzuregen und auf sehr bestimmte Art zu kultivieren. Seine besondere Aufmerksamkeit richtet der Übende auf eine unhörbare, ruhige und tiefe Atmung. Bei der natürlichen Atmung atmet man durch die Nase ein und auch aus. Es ist mehr ein Hinein- und Hinausströmen, ohne Stress, Düsen oder Pressen. Grundsätzlich hält man den Atem nicht an. Ist die Übung anstrengender, kann man auch durch den Mund ausatmen.

Im Qigong sprechen wir von der sogenannten zentrierten Atmung; d.h. man atmet mit Konzentration in den Raum um den Bauchnabel, etwa in Höhe von Renmai 6, ein und kultiviert die Vorstellung, dass man von dort den ganzen Körper versorgt. Gut ist es, wenn möglichst am Bauch, an der Flanke, an den Nieren und auch am Brustkorb Atmungsbewegung zu spüren ist. Dann arbeitet das Zwerchfell gut und das Lungenvolumen kann optimal ausgeschöpft werden.

Ich betone beim Üben immer wieder, dass die Atmung uns einen gewissen Grad an Freiheitsgefühl schenken kann. In der Kampfkunst gibt es ein Sprichwort: „Schlage den Gegner nicht nur, sondern atme ihn weg", was bedeutet, dass auch jede Kampf-

technik eine optimale Atemschule verlangt. Dies ist in einigen Kampfkünsten besonders tradiert und beschrieben; wie etwa in den Wegen des Bogenschießens oder im
Kendo.

Übersicht 2: Qigong-Übungsanweisungen

- Erlerne die Übungen solange von einem erfahrenen Lehrer, bis du sie
  sicher alleine ausführen kannst.

- Sei immer zu einer Fehlerkontrolle durch deinen Meister bereit.

- Trainiere so, dass die Füße fest wie eine Wurzel, der Unterkörper stabil
  und recht fest und der Oberkörper leicht und beweglich sind. Das Vorbild
  des „Baumes" ist hier unerlässlich.

- Übe immer in aufrechter Haltung: „Silberner Faden", d.h. kein Hohlkreuz,
  kein Buckel, keine abgeknickte Halswirbelsäule.

- Während der Übung sollte die Muskulatur entspannt bleiben.

- Atme immer natürlich, möglichst durch die Nase ein und aus.

- Im Normalfall atmet man ein, wenn man in die Übung hineingeht und aus,
  wenn man die Übung beendet.

- Übe immer mit einer optimistischen Einstellung zur Sache, nie mit einem
  grundsätzlichen Zweifel oder in Trauerzuständen.

- Übe möglichst täglich, am besten zum Sonnenaufgang bzw. zum
  Sonnenuntergang.

Beim Qigong sind vor allem zu vermeiden:

- Schmerz in den Gelenken.

- Kälte, Wind, Nässe oder Feuchtigkeit sowie Hitze oder direkte starke
  Sonneneinstrahlung.

- Übe nicht auf Friedhöfen.

- Vermeide jegliche Form von Elektrosmog, schalte Handy und W-Lan
  während des Qigong aus.

- Übe nicht unter Zeitdruck.

- Vermeide Stressgefühle.

Energetische Übungen sollten Anfänger nicht ohne einen erfahrenen Lehrer erlernen. Ohne Meister geht es gar nicht, wenn man unter Erschöpfung oder unter chronischen Krankheiten leidet. Das Üben nach Buch oder Video kann das Spüren des Qi-Flusses im praktischen Training niemals ersetzen.

Will man jedoch die Leistung steigern – egal in welchem Wirkbereich –, dann ist eine gewisse Anstrengung beim ausdauernden Üben unerlässlich. Ich möchte dieses letzte Argument etwas näher diskutieren, da hier in der Fachwelt durchaus verschiedene Meinungen vorherrschen.

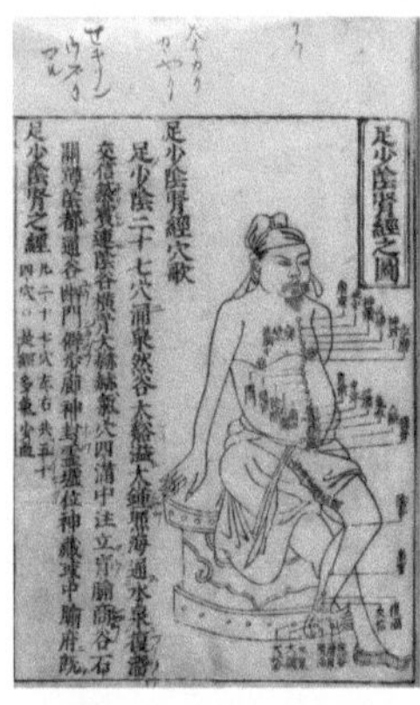
Darstellung des „Nieren Meridians"

Auch die scheinbar unspektakulärste Qigong-Übung ist kontinuierlich zu trainieren. Das meint nicht nur die unter Umständen steigende Fähigkeit, Qi wahrzunehmen oder sogar zu lenken. Auch das Qigong-Training unterliegt der sportwissenschaftlichen Frage nach dem Schwellenwert des Belastungsreizes. Dieses Prinzip geht anerkanntermaßen davon aus, dass der Trainingsreiz eine bestimmte Intensitätsschwelle überschreiten muss, um überhaupt eine Anpassungsreaktion auszulösen und dadurch trainingswirksam zu sein. Sogenannte unterschwellige und schwache Reize bleiben im Ergebnis wirkungslos und zu starke Reize schädigen den Organismus. Natürlich hängt der Schwellenwert des Belastungsreizes jeweils vom Leistungszustand des Übenden ab. Bei der gerade in Deutschland immer wieder diskutierten Frage, ob Qigong-Übungen anstrengend sein dürfen und man auch schwitzen darf oder nicht, muss eindeutig festgestellt werden, dass ein kontrolliertes Training immer einen Belastungsreiz erzeugt, der zu mehr oder minder effektiven Anpassungserscheinungen des Organismus führt. Ein Kollege beschreibt diese Erfahrung so: „Beim inneren Training regt man den Kreislauf gleichmäßig an. Man schwitzt 'von Innen heraus', aber der Atem bleibt ruhig und kontrolliert, und das Herz wird nicht überstrapaziert. Der Körper wird auf diese Weise geschont. Das innere Training der Kampfkünste, wie zum Beispiel Taiji oder einige Gong Übungen, kann den Körper außerordentlich stark zum Schwitzen bringen."[20] Sportwissenschaftlich können wir festhalten, dass entsprechend konkrete Belastungsmerkmale die Struktur eines Trainingsprozesses beschreiben, d.h. es wird deutlich, wie intensiv, wie umfangreich und mit welchen Pausen trainiert wird. Bei Trainingsbelastungen, die über eine längere Zeitdauer gleich bleiben, hat sich der Organismus so angepasst, dass dieselben Belastungsreize nicht mehr überschwellig stark wirken oder sogar unterschwellig werden. Diese rufen dann keine weitere Leistungssteigerung hervor. Die Trainingsbelastung muss also in gewissen Zeitabständen gesteigert werden.

Sportwissenschaftlich ist die Änderung der Belastungskomponenten in folgender Reihenfolge sinnvoll:

- Erhöhung der Trainingshäufigkeit (Trainingseinheiten pro Woche),

- Erhöhung des Trainingsumfangs innerhalb der Trainingseinheit,

- Verkürzung der Pausen oder auch

- Erhöhung der Trainingsintensität.

Das kann jeder, der auch nur die Stehende Säule (Zhàn Zhuāng Qìgōng, 站桩氣功) – für mich eine der wesentlichsten Übungen des Qigong – über die 30 Minutengrenze hinaus geübt hat, bestätigen.

Tatsächlich habe ich Schüler erlebt, die in der erhöhten Anstrengungsphase ihre Energie durch Singen zum Fließen brachten. Andere haben gelacht, geweint oder Witze erzählt. In jedem Fall wurde trainingswirksam und ausdauernd geübt. Die Über-belastung ist zu vermeiden und Zeiten der Regeneration müssen vom Trainer beachtet werden. Wer jeden Tag bis über die Leistungsgrenze hinaus trainiert, wird sich nicht weiterentwickeln!

In China ist das fröhliche Üben und das Lachen im Training mehr kultiviert als im Wes-ten. Gerade in Deutschland stellt sich Lernen oft als eine recht freudlose Angelegenheit dar. Darüber hat auch mein erster Taiji-Meister Zhang Xiao Ping (Wien) schon in den beginnenden 90er Jahren gestaunt. Er wunderte sich oft, dass deutsche Schüler zwar sehr, sehr ernsthaft und fleißig lernen, aber dabei kaum oder wenig Freude zeigen.

Immerhin ist das Ziel des Qigong-Trainings eindeutig:

Wenn das Qi frei fließt,
ist letztlich Schmerz nicht möglich
und Zufriedenheit stellt sich ein!

Diese alte chinesische Weisheit gilt immer. Ein gutes Training sollte in bestimmter Weise also auch Freude bereiten.

Auch im Berliner DAO-Qigong werden verschiedene Formen des Qigong unterrichtet, so zum Beispiel:

*   Struktur-Qigong nach Boddhidarma.

*   Das Spiel der fünf Tiere: Wu Qin Xi (五禽戲).

*   Die acht Brokate: Ba Duan Jin (八段錦).

*   Muskel- und Sehnen-Qigong: Yì Jīn Jīng (易筋經).

*   Atem-Qigong: Diao Xi Qigōng (调息气功).

*   Duft-Qigong: Xiāng Qìgōng (香功).

*   Schildkröten-Qigong: Guī Qìgōng (龟气功).

*   Seidenfaden-Qigong: Chán sī gōng (纏絲功).

*   Daoistische Atemschule des Qigong.

*   Hartes Qigong des Wushu.

*   Qigong der stehenden Säule:
    Zhàn Zhuāng Qìgōng (站桩氣功) in verschiedenen Stufen.

Das Wesen des Qigong: Qi spüren, erfahren und lenken

Die Grundidee des Qigong besteht letztlich darin, über eine äußere Bewegung und eine darauf abgestimmte Atmung einen sinnvollen Effekt der Gesundheitsförderung zu erzielen. Das bedeutet, dass nach antiker chinesischer Vorstellung eine Gesunderhaltung oder Heilung ohne Einbeziehung von körperlicher Bewegung, zentrierter Atmung und geistiger Arbeit nicht möglich ist.

Es macht Sinn, Qigong-Übungen zunächst strukturbildend zu trainieren. Das bedeutet, in einer Haltung für mindestens drei bis vier Atemzüge oder auch, je nach Trainingszustand, länger zu verbleiben. Dieses Üben entwickelt eine gewisse körperliche, energetische Struktur im Organismus, die es erlaubt, auch komplexere Übungen zu absolvieren. Hat man eine zufriedenstellende Praxis erarbeitet, macht aufbauend das Qi-lenkende Training, also die fließende Verbindung der Techniken, wirklich Sinn.[21]

Es liegt auf der Hand, dass weniger bewegte Übungen mehr Raum für die Detailanalyse und -arbeit im Bereich Körperhaltung und Atmung lassen. Will man das strukturierte System dann in komplexe Bewegungsformen übersetzen, wie etwa beim

Taiji oder beim Wushu, sollte bereits ein Qigong-Grundlagen-Training absolviert sein. Insofern ermöglichen die eher stillen Qigong-Übungen die darauf aufbauenden komplexen Formen der Qi-lenkenden Systeme. Es macht also Sinn, den Anfänger zunächst in den Inhalten des Stillen Qigong zu unterrichten und erst später das Form- oder sogar Kampftraining zu beginnen.

Oft fragen mich Schüler: „Woher weiß man, ob das Qi fließt?" Die chinesische Antwort: „Das spürt man." Damit verbunden ist das wichtige Thema des Qi-Spürens bzw. die Fähigkeit, das Qi im Körper bewusst zu lenken. Die Arbeit mit den Handflächen und die energetische Punktlokalisation sind dabei wichtige Arbeitsfelder für den Qigong-Schüler. Hierfür gibt es viele Techniken und Detailübungen, die in einer gesonderten Form umfangreicher besprochen werden sollen.

Zumindest erwähnen möchte ich an dieser Stelle ein für mich wesentliches Qigong: das Struktur-Qigong nach Boddhidarma. Tradiert wird dieses Qigong-System von Frau Dr. Effi Chow (East West Academy Of Healing Arts San Francisco). Dr. Chow gilt als Großmeisterin und gehört seit über 40 Jahren zu den berühmtesten Qigong-Heilern außerhalb Chinas. Dieses Qigong umfasst 18 Techniken und bildet vor allem in den ersten Übungen eine solide Basis für alle weiteren Qigong-Übungen. Man konzentriert sich auf Füße, Hände und übt zum Beispiel in der fünften Übung die „Stehende Säule". Anschließend folgt eine interessant interpretierte Folge von für die Geschichte des Qigong ganz wesentlichen Techniken.[22]

Möglich wird alles durch die systematische und kontinuierliche Übung. Ein weiteres, aktuell bekanntes und wesentliches System des Qigong ist das Seidenfaden-Qigong (Chán Sī Gōng, 纏絲功). Begrifflich orientiert sich dieses Qigong an der Kunst, einen Seidenfaden spiralförmig zu bündeln bzw. zu wickeln. Es wurde offensichtlich von Chen Wanting begründet und stellt eine klare Verbindung zwischen Qigong und Taiji her. Es handelt sich hier um Basisübungen, die auch für die Praxis des Taiji grundlegend sind. Man trainiert Kreisbewegungen, die einen festen Stand und im Oberkörper, bis in die Arme und Hände hinein, eine hohe Beweglichkeit entwickeln: „Die Bewegung wurzelt in den Füßen, steigt auf in den Beinen, wird gelenkt von den Händen. Deshalb soll den Füßen große Beachtung geschenkt werden. Ist der Stand nicht fest, wird die Bewegung haltlos. Die Hüfte ist wie ein kreisendes Rad, geht die eine Seite vor, dann geht die andere zurück. Schultern, Arme und Hände sollen immer gelöst und entspannt sein."[23]

Im fortgeschrittenen Stadium kann ein Qigong-Schüler letztlich das sogenannte Faqi (發氣, von fā 發) erlernen, womit die Fähigkeit benannt ist, das Qi mittels der Hände auf andere Menschen zu übertragen.

Die Qigong-Trainings gehören seit Jahren zu den beliebtesten Trainings unserer DAO-Schule, was wohl auch am hohen Stellenwert der Basis-Übungen dieser Übungssysteme liegt. Qigong trainiert nicht nur das gesunde Stehen und das zentrierte Atmen, sondern kräftigt und dehnt die Muskulatur ganz gezielt.

Das entspannt nicht nur, weil es das Qi zum Fließen bringt. Dadurch fühlt sich der Übende energetischer und wacher als vor dem Training. Typischerweise kommen die Schüler oft müde und ausgelaugt nach der Schule, nach der Arbeit oder nach dem Studium zum Training. Wenn sie dann unsere DAO-Schule verlassen, wirken sie meistens munter und erfrischt. Sie haben etwas geübt, was sich recht leicht auch im Alltag trainieren lässt. Berichten meine Schüler über ihre Qigong-Erlebnisse bei der Arbeit, im Nahverkehr oder im Küchenalltag, dann weiß ich, dass wir ein wertvolles Stück Weg miteinander geschafft haben.

Stichworte zur Theorie des Qigong

Neben der Praxis sollte auch immer Theorie des Qigong angeboten werden. Das betrifft die Geschichte des Qigong und die verschiedenen Traditionen. Und natürlich gehören dazu auch die Grundlagen der klassischen Chinesischen Medizin, die bereits im *Huang Di Nei Jing* niedergeschrieben wurden: Leitbahn-System (Zàng Fu), Yīn-Yáng-Modell (阴阳), das Modell der Fünf Wandlungsphasen (五行 Wŭ Xíng), Schlüsselpunkte etc. Wir können sehr viel erreichen, wenn wir intensiv von den wunderbaren Darstellungen der antiken Ärzte lernen. Das *Huang Di Nei Jing* ist entstanden aus jahrhundertelanger Erfahrung genialer Mediziner. Noch heute wird in China jeden Tag nach diesen Methoden behandelt. Wenn wir die Idee verwirklichen, dass Gesundheit kein Zustand ist, sondern ein stetiges Bemühen um Harmonie darstellt und dies ohne körperliche Bewegung nicht möglich ist, dann sind wir auf einem sehr guten Weg.

Wandlungs-phase	Holz 木 mu	Feuer 火 huo	Erde 土 tu	Metall 金 jin	Wasser 水 shui
Yin-Leitbahn	Leber	Herz	Milz	Lunge	Niere
Yang-Leitbahn	Galle	Dünndarm	Magen	Dickdarm	Blase
Farbe	grün	rot	gelb	weiß	schwarz
Geschmack	sauer	bitter	süß	scharf-pikant	salzig
Geruch	Urin	versengt	duftend	fischig	verfault
Jahreszeiten	Frühling	Sommer	Spätsommer	Herbst	Winter
Tageszeit	Morgen	Mittag	Nachmittag	Abend	Nacht
Witterung	Wind	Hitze	Feuchtigkeit	Trockenheit	Kälte
Sinnesorgan	Auge	Mund	Zunge	Nase	Ohr
Körpergewebe	Sehnen	Blutgefäße	Muskeln	Haut-Haar	Knochen
Emotion/Gefühl	Ärger-Wut	Freude	Kummer-Sorge	Trauer	Angst-Furcht
Klang	Schreien	Lachen	Singen	Weinen	Stöhnen
Geist-Bezug	Hun-Seele	Shen-Geist	Yi-Logik	Po-Mut	Zhi-Wille
Getreide	Weizen	Mais	Roggen	Reis	Bohnen
Himmelsrichtung	Osten	Süden	Mitte	Westen	Norden
Yin-Yang	schwaches Yang	starkes Yang	Mitte	schwaches Yin	starkes Yin

Übersicht 3: Modell der fünf Wandlungsphasen (五行, Wu Xíng)

Es sind verschiedene Konstellationen in diesem Modell wichtig:

Hervorbringungs-Zyklus: Leber nährt Herz, Herz nährt Milz, Milz nährt Lunge, Lunge nährt Niere, Niere nährt Leber.

Das bedeutet zum Beispiel:

- Holz kann die Grundlage des Feuers sein,
- Feuer kann die Erde mit Nährstoffen anreichern,
- Erde birgt Metall-Erze,
- Metall belebt das Wasser,
- Wasser nährt alle Pflanzen.

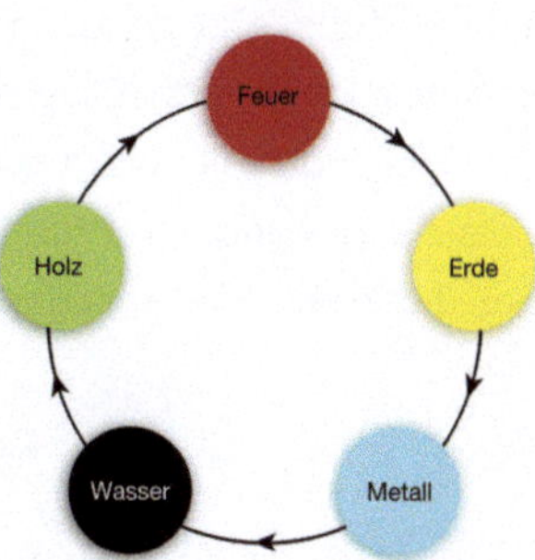

Kontroll-Zyklus: Leber kontrolliert Milz, Herz kontrolliert Lunge,
Milz kontrolliert Niere, Lunge kontrolliert Leber, Niere kontrolliert Herz.

Das bedeutet zum Beispiel:

- Wasser löscht Feuer,

- Feuer schmilzt Metalle,

- Metall vermag Holz zu spalten,

- Holz, z.B. Pflanzen, ziehen aus
  der Erde Nährstoffe,

- Erde vermag das Wasser zu begrenzen
  oder verschmutzt Wasser.

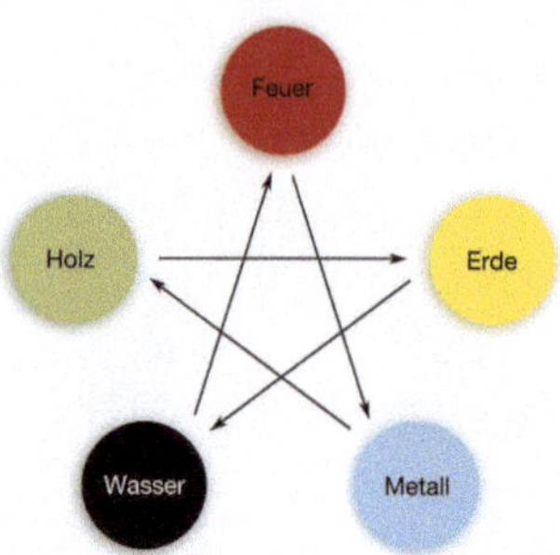

Weitere mögliche Betrachtungen sind der Schädigungs- und der Schwächungs-Zyklus. Diese Modelle der Wirklichkeitsbeschreibung sind in sehr vielfältiger Hinsicht anwendbar, so zum Beispiel in der Charakterkunde und in der Astrologie.

In der klassischen chinesischen Medizin sind sie bis heute hervorragende diagnostische Hilfsmittel und aus der alltäglichen klinischen Praxis nicht wegzudenken. Nicht zu verwechseln ist das Modell der Fünf Wandlungsphasen mit der Elementelehre der Naturphilosophie im antiken Griechenland. Diese wurde über Thales von Milet (Θαλῆς ὁΜιλήσιος Thalés ho Milésios; ca. 624 v. Chr. bis ca. 547 v. Chr.) bis Empedokles (Ἐμπεδοκλῆς; ca. 495 v. Chr. bis 435 v. Chr.) ausformuliert. Als Urstoffe des Universums wurden die Elemente Luft, Feuer, Wasser, Erde und seit Aristoteles (Ἀριστοτέ-λης Aristotélēs, 384 v. Chr. bis 322 v. Chr.) auch Äther als Quintessenz diskutiert. Anders als die Griechen, deren Bemühungen um den Urstoff wegweisend für die Mathematik, die Logik oder auch die Alchemie wurden, verwendeten die antiken Chinesen ihr Modell aber eher zur Beschreibung von Prozessen. Sie können es deshalb bis heute kontinuierlich in verschiedenster Hinsicht anwenden.
Der Vollständigkeit halber seien hier die 12 Leitbahnen der chinesischen Medizin jeweils als Yin- und Yang-Partner genannt: Herz-Dünndarm, Perikard-Dreier Erwärmer (San Jiao), Milz-Magen, Lunge-Dickdarm, Niere-Blase und Leber-Galle.

Exkurs: Chinesische Ernährungslehre (Diätetik)

Wer sich mit Taiji, Qigong und Wushu ernsthaft beschäftigt, kommt an der chinesischen Ernährungslehre (Diätetik, zhongyi shiliao 中医食疗 oder zhongyi yaoshan 中医药膳) nicht vorbei. Diese ist eng mit dem Modell der Fünf Wandlungsphasen verknüpft. Hier will ich mich auf einige zentrale Aussagen beschränken. Es gibt zu diesem Thema inzwischen recht gute Literatur. Die folgenden Hinweise sollen eher Mut machen, sich diesem Thema umfassender zu nähern. Natürlich ist es dabei ein riesiger Vorteil, einen eigenen Garten zu bearbeiten und die Beschäftigung mit den Pflanzen zu einem Teil des eigenen Lebens zu machen.

Die Bildung von Qi und Blut erfolgt nach chinesischer Vorstellung hauptsächlich durch die Umwandlung der Nahrung in Nährenergie durch den Verdauungsvorgang. Dabei wird Blut als Mutter des aktiven Qi aufgefasst und vor allem in Ruhe gebildet. Die Nahrung wird – wie auch in der chinesischen Arzneimittel-Lehre – durch die im Modell der Fünf Wandlungsphasen dargestellten fünf Geschmacksrichtungen (scharf, süß, sauer, bitter, salzig) sowie durch das Temperaturverhalten (kalt, kühl, neutral, warm, heiß) qualifiziert. Es gelten hier alte Grundsätze:

Lass Deine Nahrung Medizin sein.	Iss, was die Region und die Jahreszeit bieten.	Kochen können heißt leben können.

Um die Denkweise der antiken Chinesen zu verstehen, seien hier einige Beispiele angeführt:

Holz	sauer	Essig, Orangen, Tomaten, Weizen, Huhn
Feuer	bitter	Rote Bete, Rucola, Roggen, Schafskäse
Erde	süß	Kartoffeln, Mais, Butter, Eier, Rindfleisch, Karotten
Metall	scharf	Zwiebeln, Senf und Gänsebraten
Wasser	salzig	Salz, Fisch, Hülsenfrüchte, Oliven, Wasser

Übersicht 4: Chinesische Ernährungslehre

- Warmes Essen ist besser als kaltes.

- Regelmäßige Zeiten.

- Geregelte Quantität: 50% Reis o.ä., 25% Suppe, 15%Gemüse,
  10% Fleisch, Obst.

- Mindestens drei tägliche Mahlzeiten, etwa acht mal trinken,
  gut sind auch kleine Zwischenmahlzeiten.

- Iss immer frische Lebensmittel.

- Kombiniere die fünf Geschmacksrichtungen.

- Nicht zu viel Fleisch.

- Vermeide einseitige Nahrung.

- Optimal ist die Jahreszeitnahrung: Frühling: mehr Süßes; Sommer:
  Leichtes, Kühlendes (Früchte, Gemüse); Herbst: wenig Kühles (Apfel,
  Birne, Spätgemüsesuppen, Fisch); Winter: Wärmendes (Rind, Lamm,
  Huhn, Ente).

- Individuelle Nahrung dem Alter entsprechend: 0-14: mild, nährend;
  14-20: Yin nährend; 20-40 (Reife): Balance nach Bedürfnissen;
  40-60: Yin nährend; ab 60: Yin und Yang nährend.

- Vermeide kalte Getränke, vor allem während des Essens (+/-20 min).

- Vermeide Schleim und Belag produzierende Nahrung
  (zum Beispiel zu viele Milchprodukte).

- Vermeide Hunger (schwächt Milz-Qi) und Übersättigung!

- Gemüse wird gewaschen, nicht zu lange einweichen, Gemüsehaut
  erhalten, Bohnen nicht zu kurz kochen.

- Bitte den größten Teil der Nahrung kochen. Aber: nichts zerkochen und
  mit Deckel kochen. Fisch und Fleisch dünsten oder kochen, bis es zart ist.

- Nur einmal kochen.

- Beachte das Kochgeschirr! Keine Materialvermischung.

- Nur essen! Konzentration auf das Essen: sehen, riechen, schmecken,
  nicht ablenken (keine Zeitung, kein Radio/TV, keine aufregenden Gespräche).

- Langsam essen! Gründlich kauen, keine Hast. Keine extremen Emotionen.

- Ruhe nach dem Essen: Entspannung, 1000 Schritte, Bauchmassage etc.

Beachte die Wirkung der Zubereitung:

- roh   –   kühlend
- gedämpft   –   kühlend/neutral
- gekocht   –   neutral
- geschmort   –   wärmend
- kurzgebraten   –   wärmend
- gebacken   –   stärker wärmend
- länger angebraten   –   erhitzend
- gebraten   –   stärker erhitzend
- gegrillt   –   noch stärker erhitzend
- geröstet   –   noch stärker erhitzend (Kaffee)

Apfelernte auf dem Hof des Autors

DAO-Taiji

Morgendliches Taiji am Westsee in Hangzhou/China

*Taiji schenkt
die Geschmeidigkeit eines Kindes,
die Gelassenheit eines Weisen und
die Gesundheit eines Holzfällers.*

Chinesisches Sprichwort[24]

Tài Jí (太极) kann man mit „höchstes Prinzip" übersetzen und ist eine aus China stammende sogenannte „innere" Kampfkunst (Nèijiaquán, 内家拳). Einer Legende nach wurde dieses System der Kampfkunst vom daoistischen Mönch Zhang San Feng (張三豐) begründet, der – je nach Lehrmeinung – zwischen dem 12. und 15. Jahrhundert lebte. Als Ursprungsort gelten u.a. die Wudang Berge in der Provinz Hubei. Viele Erzählungen ranken sich um diese legendäre Gestalt des Zhang San Feng. Am bekanntesten ist die Geschichte von der Beobachtung eines Kampfes zwischen einer Schlange und einem Kranich, die diesen Daoisten zur Entwicklung eines neuen Kampfstils gebracht haben soll. Inwieweit das wirklich der Fall war, ist eher ein Thema der Geschichtswissenschaft.[25]

Im Rahmen der Familienstile gilt der Chen-Stil (陈式, Chénshì) als ältester Stil des Tai Ji. Als zentrale Persönlichkeit im Sinne der sogenannten inneren Künste gilt der Begründer des Yang-Stils Yang Luchan (楊露禪/杨露禅, 1799-1872). Doch ob und in wieweit er tatsächlich seine Prinzipien der inneren Arbeit oder die sogenannten „Internals" von Chen Changxing in Chenjiagou erlernte, ist umstritten.[26]

Über die Geschichte der Taiji-Stile

Dieses Thema soll hier nicht ausführlich debattiert werden, da selbst in wissenschaftlichen Untersuchungen dazu sehr verschiedene Auffassungen existieren. Gesichert ist, dass das Taijiquan aus der inneren Schule hervorging, „die über Zhang San Feng über Wang Zong, Chen Zhoutong, Zhang Songxi an Wang Zong Yue weitergegeben wurde".[27] Zhang San Feng entwickelte seine Lehre unter anderem im Wudang-Gebirge, was begründet, warum sich auf dem Wudang Shan eine regelrechte Taiji-Kultur entwickelt hat. Nicht nur etliche Schulen existieren dort. Inzwischen ziehen auch zunehmende Ströme von Touristen jährlich über den Berg mit seinen imposanten Klöstern. Der sogenannte Wudang-Stil unterteilt sich bei näherer Betrachtung in verschiedene Linien, vertreten von Meistern wie Zhong Yunlong (Sanfeng Pai), Yang Qunli (Longmen Pai) und You Xuande (Xuanwu Pai).

Denkmal für Chen Wangting in Chenjiagou

In der Diskussion zu den Familienstilen wird betont, dass Chen Wangting (chinesisch 陳王廷/陈王廷, Chén Wángtíng, 1597-1664) aus dem Dorf Chenjiagou in der Provinz Henan in der Ming-Zeit das Taijiquan als Kampfkunst begründete.[28] In den Untersuchungen zur Clan-Geschichte scheint sich diese Auffassung durchzusetzen. Auch das System des Tuishou („Klebende Hände") soll von Chen Wangting stammen. Jedenfalls wurde dieses System über Jahrhunderte als Familientradition weitergegeben. Auch das für die Taiji-Praxis unentbehrliche Seidenfaden-Qigong (Chan Si Gong) soll aus der Tradition der Chen-Familie kommen.

Ursprünglich war die Praxis Taijiquan geprägt von der Anwendung als Selbstverteidigung. Das Training mit Schwert oder Hellebarde war überlebenswichtig. Vor allem durch die Verbreitung von Schusswaffen verlor diese Komponente immer mehr an Bedeutung. Taiji diente zunehmend der Gesunderhaltung von Geist und Körper entsprechend der daoistischen Philosophie und Medizin.

Übersicht 5: Die Familien-Stile des Taiji

Es gibt bereits gut recherchierte Chroniken des Taiji sowie unzählige Stammbäume.[29]
Ich beschränke mich also der Übersicht wegen nur auf die Nennung der wichtigsten
Familienstile.

- Chen-Stil (陈式, Chénshì): In den Formen (套路, Tàolù) und Schulen des
  Chen-Stils werden die Traditionslinien „kleiner Rahmen" (小架, Xiǎojià) nach
  Chen Youben (陈有本, 1780-1858) und „großer Rahmen" (大架, Dàjià) nach
  Chen Changxing (陈长兴, 1771-1853) unterschieden. Hinzu kommt seit
  etwa 1976 im „großen Rahmen" die Unterscheidung von „altem Rahmen"
  (老架, Lǎojià) nach Chen Zhaopi (陈照丕, 1893-1972) und „neuem Rahmen"
  (新架, Xīnjià) nach Chen Fake (陈发科, 1887-1957) und Chen Zhaokui (陈照奎,
  1928-1981).

- Yang-Stil (楊式, yángshì) nach Yang Luchan; im „großen Rahmen" nach
  Yang Chengfu (楊澄 甫/杨澄甫, Yáng Chéngfǔ, 1883-1936) oder im
  „kleinen Rahmen" nach Yang Banhou (楊班 侯/杨班侯, Yáng Bānhóu,
  1837-1892).

- Wu-Hao-Stil (武-郝式, Wǔ-Hǎo Shì) nach Wu Yuxiang (武禹襄, 1812-1880).

- Wu-Stil (吳式, Wú Shì) nach Wu Quanyou (吳全佑/吴全佑, Wú Quányòu,
  1834-1902) und seinem Sohn Wu Jianquan (吳鑑泉/吴鉴泉, Wú Jiànquán,
  1870-1942).

- Sun-Stil (孫式) nach Sun Lutang (孫祿堂, Sūn Lùtáng, 1861-1932).

Eines Tages fragte ich einen chinesischen Kollegen aus dem Bereich der Chinesischen
Medizin, ob er nicht auch Taiji praktiziere und ob man sich vielleicht austauschen wolle.
Kopfschüttelnd antwortete er, so alt sei er ja wohl noch nicht. Ein anderes Mal wurde
ich bei einem Essen gefragt, was ich in China mache. Ich antwortete, dass ich Chinesische Medizin studiere und in Deutschland außerdem eine Schule für Taiji, Qigong
und Wushu betreibe. Fassungslos starrte man mich an. Die chinesischen Kollegen
konnten es einfach nicht glauben. Als ich weiter erzählte, dass ich pro Woche etwa
einhundert Kinder und zudem viele Erwachsene in allen Altersgruppen unterrichte, war
das Unverständnis vollendet. Offenbar hatte man in China andere Vorstellungen.

Das ist nicht verwunderlich, hat sich doch seit Gründung der Volksrepublik die Situation der chinesischen Kampfkünste sehr verändert. Waren diese Künste im Altertum noch sehr mit der daoistischen Philosophie und Medizin verbunden und vor allem in Klöstern und im Militär tradiert, wurden sie im modernen China in völlig neue Formen, meist in leistungsorientierte Vorführungskünste verwandelt.[30]

Professionelles Taiji im Jahre 2007 in Wen Xian (China)

Viele Taiji-Formen sind waffenlos, was durch den Begriffszusatz Quan (拳), übersetzt „Faust", unterstrichen wird. Daneben existieren aber zahlreiche Waffenformen. Weit verbreitete Waffen des Taiji sind:

- chinesisches Schwert (Jian 剑),
- Langstock (Gun 棍),
- chinesischer Säbel (Dao 刀),
- Fächer (Shan 扇),
- Kurzstock (Qi Mei Gun 齐眉棍) bzw. Doppelkurzstock,
- drei Meter langer Stock (Dagan),
- Speer (Qiang 枪),
- chinesische Hellebarde (Guan Dao).

Zudem gibt es heute weitere Übungsmittel – vom sogenannten Taiji-Ball bis zum Taiji-Lineal. Taijiquan ist eine der interessantesten und wundervollsten Stilrichtungen der chinesischen Kampfkunst. Kaum eine andere Kampfkunst ist so tief in der daoistischen Philosophie und Medizin sowie der Meditation verwurzelt. Eine enorme Popularität erlangte sie deshalb nicht nur bei Gelehrten, sondern in verschiedensten Schichten der Gesellschaft.

Übersicht 6: Die Bedeutungsmomente einer jeden Taiji-Bewegung

1. Kampfkunst: Selbstverteidigung durch Neutralisation der gegnerischen Energie.

2. Meditation: Entspannung in Form einer Bewegungsmeditation.

3. Gesundheit: Einbettung in die klassische Chinesische Medizin.

Diese Bedeutungsmomente sind in jeder Ebene erfahrbar, wenn der Rahmenlehrplan der jeweiligen Schule darauf Wert legt. Durch die moderne Trennung des Formtrainings vom Kampf hat sich allerdings das Verständnis vom Taiji entweder in Richtung sportlicher Wettkampf, Vorführungskunst oder lächelndes Park-Taiji verlagert. Das konsequente und umfassende Taiji-Training ist damit aber noch nicht erfasst. Lässt sich die erste Ebene noch durch Applikationstraining integrieren, so fällt die Umsetzung der zweiten und dritten Ebene im wirklichen Training vielen Schulen wesentlich schwerer.

Augenfällig ist, dass die stetige Vervollkommnung eines Taiji-Inhaltes in der Wiederholung wurzelt. Die positive und zugewandte Kritik des jeweiligen Lehrers sollte dezent helfen, Fehler nach und nach zu minimieren. Taiji kann durch konsequentes Üben eine wertvolle Methode der Gesunderhaltung sein. Für Fortgeschrittene stellt es letztlich auch eine wunderbare Form der aktiven Entspannung dar.

Das Grundprinzip des Taiji: der Wandel von Yin und Yang

Das Eingangstor zum daoistischen Tempel Zixiao Gong
(Purpurwolken-Palast) auf dem Wudang Shan

Bei der Beantwortung der Frage nach dem Grundprinzip des Taiji ist das Durchdringen des Verhältnisses von Yin und Yang zentral:

Das Yin-Yang-Modell ist ein Instrument zur Beschreibung der natürlichen Einheit der Gegensätze in Form von wirklichen Prozessen.

Dieses macht immer nur in einer ganz bestimmten Konstellation wirklich Sinn, wie etwa Be- und Entlastung oder Oben und Unten. Dieses Modell erweist sich in der Praxis als sehr hilfreich und ist umfassend in den antiken Schriften, vor allem im I Ging (Yi Jing), beschrieben worden. Eine chinesische Weisheit besagt, wer die Gesetze von Yin und Yang nicht beachtet, wird erkranken und sterben.

Der historische Ursprung ist nicht gesichert, aber das Modell findet Erwähnung in antiken chinesischen Schriften. In der begrifflichen Übersetzung bedeutet Yin (陰) ursprünglich „dunkel", „Südufer eines Flusses", „Nordhang eines Berges" und auch „schattig, schattiger Ort". Demgegenüber bedeutet Yang (陽, yáng) „sonnige Anhöhe". Im Huáng Dì Nèi Jing Sù Wèn (黄帝内经素问, ca. 2698-2598 v. Chr.) und im „Buch der Wandlungen" (Yi Jing, Zeit der westlichen Zhou-Dynastie, etwa 1045-770 v. Chr.) wird darüber diskutiert. Philosophische Daoisten wie Laotse oder Dschuang Dsi haben darüber gesprochen. In der Yin-Yang-Schule (um 300 v. Chr.) erlangte es wesentliche Bedeutung.

Das Zeichen selber ist seit dem 11. Jahrhundert bekannt und für die Kampfkunst er-

langte es mit der Entstehung des Taiji symbolische Bedeutung (12.-15. Jahrhundert).
Es handelt sich um eines der ältesten Symbole der Menschheit. Bei den Kelten lässt
sich Ähnliches im keltischen Drehwirbel bis ins späte 5. Jahrhundert vor Christus und
bei den Etruskern im 4. Jahrhundert vor Christus nachweisen. Interessanter Weise
stammt die wohl älteste belegte und vollständige Darstellung eines Yin-Yang- Zeichens
nicht aus China, sondern aus dem alten Rom: Auf einem Schildwappen der weström-
schen Infanterieeinheit armigeri defensores seniores (um 430 n. Chr.) wurde das Zeichen eindeutig verwendet.

Übersicht 7: Das Yin-Yang-Modell

Yin 陰	Yang 陽
Schatten	Sonne
Frau	Mann
Leere	Fülle
Innen	Außen
Kälte	Hitze
Unten	Oben
Passiv	Aktiv
Nehmen	Geben
Nacht	Tag
Feucht	Trocken
Westen	Osten
Norden	Süden
Links	Rechts
Wasser	Feuer
Kalt	Heiß
Ruhe	Unruhe
Langsam	Schnell
Weich	Hart
Erde	Himmel

Sehr bekannt sind auch die Darstellungen des Yin-Yang-Symbols in Kombination mit
den acht Trigrammen: Diese acht Trigramme (八卦, ba guà) sind alte chinesische Ora-
kelzeichen und dienen bis heute zur Weissagung. Ausgeformt wurde diese Lehre im

Buch der Wandungen I Ging (易經, yí jing), dessen ältesten Texte bis ins 2. Jahrhundert vor Christus zurückreichen. Sie bestehen aus drei entweder durchgezogenen (Yáng) oder unterbrochenen (Yin) Linien, woraus sich $2^3 = 8$ Möglichkeiten ergeben, die oft in Form eines Kreises dargestellt werden. Zwei Trigramme ergeben eines der 64 ($2^6 = 8^2 = 64$) Hexagramme, deren Bedeutungen im Buch der Wandlungen beschrieben sind. Die chinesische Kampfkunst *Baguzhuang* geht auf diese Tradition zurück.

	Name			Natur			Familie	
	離	lí	Trennung	火	huǒ	Feuer	中女	mittlere Tochter
	坤	kūn	Weiblichkeit	地	dì	Erde	母	Mutter
	兌	duì	Wechsel	澤	zé	Sumpf	少女	jüngste Tochter
	乾	qián	Trockenheit	天	tiān	Himmel	父	Vater
	坎	kǎn	Gefahr	水	shuǐ	Wasser	中男	mittlerer Sohn
	艮	gèn	Aufrichtigkeit	山	shān	Berg	少男	jüngster Sohn
	震	zhèn	Erregung	雷	léi	Donner	長男	ältester Sohn
	巽	xùn	Sanftheit	風	fēng	Wind	長女	älteste Tochter

Oftmals entstehen bei der Diskussion des Yin-Yang-Modells durchaus konfuse Rela-
tionen, die nichts miteinander zu tun haben.

Bleibt man aber in einer unmittelbaren Relation, kann dieses Modell extrem hilfreich
sein und nicht nur theoretisch, sondern vor allem praktisch den Trainingsalltag enorm
bereichern. So ist es z.B. wichtig, im Training Geben und Nehmen, Be- und Entlastung,
oben und unten, weich und hart, außen und innen zu unterscheiden.

Das Yin-Yang-Symbol auf einem daoistischen Klosterdach in der Nähe von Hangzhou.

In besonderer Weise erkannte der Meister Yang Chengfu die Neuausrichtung des Taiji
auf die Gesundheit. Die von ihm begründeten zehn Grundsätze des Taijiquan sind aufgrund ihrer Allgemeingültigkeit legendär und populär geworden und seien hier kurz
angedeutet:[31]

Übersicht 8: Zehn Grundsätze des Taijiquan von Yang Chengfu

1. Voll konzentriert die Energie auf den Scheitel richten.
2. Die Brust zurücknehmen und den Rücken strecken.
3. Die Hüfte lockern.
4. Leer und voll trennen.
5. Die Schultern senken und den Ellenbogen hängen lassen.
6. Die Vorstellungskraft (Yi) und nicht die Kraft (Li) gebrauchen.
7. Oben und Unten folgen einander.
8. Innen und Außen stimmen überein.
9. Ununterbrochene Kontinuität.
10. In der Bewegung liegt das Streben nach Ruhe.

Neben diesen Grundsätzen gibt es natürlich auch noch andere Varianten der Prinzipienvorgaben, die es zu einer gewissen Berühmtheit gebracht haben; so zum Beispiel:

Übersicht 9: Die sechs Harmonien des Taiji (六合, liù hé)

Die drei äußeren Harmonien: Wài sān hé

1. jiān yǔ kuà hé – Harmonie durch die Verbindung von Schultern und Hüfte
2. zhǒu yǔ xī hé – Harmonie durch die Verbindung von Ellbogen und Knien
3. shǒu yǔ zú hé – Harmonie durch die Verbindung von Händen und Füßen

Die drei inneren Harmonien: Neì sān hé

1. xīn yǔ yì hé   – Harmonie durch die Verbindung von Herz und Wille
2. yì yǔ qì hé   – Harmonie durch die Verbindung von Wille und Qi
3. qì yǔ lì hé   – Harmonie durch die Verbindung von Qi und Kraft

Das wahre Taiji? Taiji und Tradition

„Authentisch ist nur das Prinzip. Taijiquan ist eine große Familie, egal welche Stilrichtung bevorzugt wird, das Prinzip ist immer dasselbe. Kann ich es umsetzen, mache ich gutes Taijiquan. Dann ist es authentisch. Kann ich es nicht, ist es schlechtes Taijiquan, egal welcher Stilrichtung. Achtet bei einem Lehrer darauf, was er weiß und kann, nicht, welchem Stil er angehört." Chen Xiao Wang[32]

Es gibt, vor allem auch in Deutschland, viele Diskussionen über das „wahre", das „richtige", das „authentische" oder das „traditionelle" Taijiquan. Demzufolge gibt es mehrere Verbände, Dachorganisationen und Stilvereinigungen. Wer sich hier einordnet, geht unbestritten einen autoritätsgesicherten Weg. Stilübergreifend zu trainieren, ist eher unüblich. In verschiedenen Schulen Erfahrungen zu sammeln, ist aber keine neue Erfindung. Es gab in China sogenannte Wanderlehrer, die sich nach ihrer Ausbildung in anderen Schulen bewähren mussten. Diese Tradition kennen wir in Europa von einigen Handwerkskünsten, wie zum Beispiel von den Zimmerleuten. Auch aus der Geschichte der japanischen Kampfkünste wissen wir um die gegenseitige Durchdringung verschiedener Stile.

Wer sich fachlich den Inhalten des Taiji über die Clan-Grenzen hinaus nähert, wird bemerken, dass diese Kampfkunst durch verschiedene Traditionen geprägt wurde. Da geht es nicht nur um die Durchdringung der Familientraditionen. So ist zum Beispiel der umfassende Einfluss des Shaolin-Boxens auf das Taiji in der Literatur mehrfach untersucht worden. Ebenso ist die alte Tradition der Tiernachahmung nicht nur für verschiedene Wushu-Stile zentral, sondern auch für das Taiji. Tierbewegungen nach dem Vorbild von Schlange, Kranich oder Affe etc. sind in verschiedenen Stilen augenfällig: „In den daoistischen Klöstern, die seit dem 4. Jahrhundert v. Christus entstanden, entwickelten sich im Einklang mit der Natur Übungen, die auf der Beobachtung von Tieren und deren Bewegungen basieren."[33]

Die gesundheitsfördernde Wirkung des Taiji

In den letzten Jahren haben sich unzählige Autoren mit diesem Thema auseinandergesetzt. So melden sich seit langem auch deutsche Autoren zu Wort, wie zum Beispiel Barbara und Klaus Mögling, die schon in den 90ern betonten: „Das Taijiquan hat einen sanften Einfluss auf das Herzkreislaufsystem."[34]

Diese Untersuchungen werden fortlaufend geführt. Die positiven Wirkungen des Taiji-Trainings auf das Herzkreislauf-System sowie auf das Immunsystem sind inzwischen kaum noch zu bestreiten. Immer wieder muss die gesundheitsförderliche Wirkung des Taiji auf den Bewegungsapparat und insbesondere für die Wirbelsäule betont werden: „Taijiquan ist ein besonders wertvolles, therapeutisch nutzbares Bewegungssystem, da hier die Muskulatur als Ganzes trainiert wird, ohne einzelne Muskeln aus ihrem Umfeld zu isolieren. Der ganzheitliche Ansatz zeigt sich auch darin, dass Taijiquan ein Bewusstsein für Körperhaltung und Bewegungen fördert, das muskulären Dysbalancen entgegenwirkt und auf Dauer verhindert. Zum Beispiel entspannt das Absenken des Beckens den Rückenstreckermuskel, dehnt ihn und entlastet gleichzeitig die Bandscheiben der Lendenwirbel. Dadurch können u.a. Verkrümmungen der Wirbelsäule im Lendenbereich vermindert werden. Ähnliches bewirkt die stets aufrechte Haltung des Kopfes bei entspannter Nackenmuskulatur, die Verschleißerscheinungen an der Halswirbelsäule entgegenwirken kann."[35]

Im Für und Wider der Krankenkassenmeinungen zum Taiji ist festzustellen, dass Taiji zumindest eine Wirkung im Bereich Stressreduktion zugesprochen wird: „Schon seit längerem weiß man, dass Taijiquan beruhigt, Stress abbaut und Angstzustände verhindern kann. Tatsächlich konnte ein Zusammenhang mit der hormonellen Steuerung des menschlichen Verhaltens hergestellt werden: Nach dem Training ließen sich bei Taijiquan-Übenden verringerte Cortisolmengen nachweisen. Auf der anderen Seite erhöht sich der Spiegel bestimmter Hormone um das Fünffache. Einige dieser Botenstoffe, wie zum Beispiel Serotonin, wirken als körpereigene 'Muntermacher' – sie entspannen, heben die Stimmung und erhöhen die Schmerztoleranz."[36]

Taiji wird in der Therapie in einigen Fällen inzwischen auch bei Osteoporose und bei Gelenkrheuma angewendet. Ebenso bei Arthritis-, Fibromyalgie- und Parkinson-Patienten sollen positive Wirkungen nachweisbar sein. Das Oregon Research Institute (ORI) in Eugene im US-Staat Oregon hat zum Beispiel in den letzten Jahren ausführlich die Möglichkeiten von Taiji-Übungen bei Morbus Parkinson-Patienten untersucht und ist zu positiven Ergebnissen gekommen: „Das Krafttraining zeigte Wirkung, doch die Taiji-Gruppe erzielte fast überall die besseren Ergebnisse. In der dynamischen Posturographie, dem primären Endpunkt, zeigten die Patienten die größere Bewegungsfreiheit, bevor sie an die Grenzen ihres Gleichgewichts kamen. Sie waren auch besser in der Lage, eine vorgegebene Bewegung durchzuführen. Außerdem konnten sie sich tendenziell schneller aus einem Stuhl erheben. Schließlich kam es zu zwei Dritteln seltener zu Stürzen, was zeigen mag, dass ihnen der verbesserte Gleichgewichtssinn auch im Alltagsleben genutzt hat. Da die Gleichgewichtsstörungen zu den Symptomen des Morbus Parkinson gehören, die sich unter der medikamentösen Therapie nicht verbessern, ist Taiji (...) eine ideale Ergänzung der medizinischen Therapie."[37]

Die Lernstufen des Taiji

Eines der wichtigsten Mittel der Chinesen ist die stetige Wiederholung. Nur tägliches Üben führt zur Meisterschaft. Das gilt für jede Kunst, insbesondere auch für das Taiji. Eine bewährte Methode ist es, die Schüler verschiedene Lern-Stufen durchlaufen zu lassen. Weit verbreitet ist die Unterscheidung von Anfänger-, Fortgeschrittenen- und/oder Perfektionstraining, welche ich auch mehrfach unterschiedlich erlebte. Was darunter verstanden wird, ist meist sehr, sehr verschieden. Wie sieht es im modernen China damit aus?

Der chinesische Wushu-Verband gibt folgende Lernsstufen-Einteilung vor: „Bei der ersten Stufe ist das Hauptgewicht auf die grundlegenden Bewegungen und Posituren zu legen. Die Hand- und Schrittformen, Hand- und Schrittbewegungen sowie Körper-haltungen und -formen müssen eingeübt und beherrscht werden, damit man sie richtig sanft und anmutig ausführen kann. Bei der zweiten Stufe hat man sich mit dem Ge-meinsamen und Wesentlichen der Übungen vertraut zu machen, so dass die Bewe-gungen fließend ineinander übergehen. Bei der dritten Stufe ist der Schwerpunkt auf die Kraftanwendung in Verbindung mit der Konzentration und der Atmung zu legen. Die Gedanken, die Atmung und die Kraft müssen aufeinander abgestimmt sein."[38] Das ist ein legitimer Ansatz, verbleibt aber eher im sportlichen Bereich. Die Frage, warum es sich beim Taiji um eine daoistische Bewegungsmeditation handelt, lässt sich so kaum beantworten.

Eine andere Variante sind die Fünf Level von Chen Xiao Wang. Hier ist interessant, dass der Schüler auf seinem Weg durchaus auch von seinem Weg abkommen kann, bevor er sich bis zur Meisterschaft weiter entwickelt.[39]

Auch in der DAO-Kampfkunstschule verwenden wir ein über Jahrzehnte ausgearbei-tetes Lernstufen-Konzept. Die Kombination dieses Konzeptes mit einer anspruchsvol-len Interpretation der Formen sowie deren Einbettung in eine stilübergreifende Ausbildung stellt ein erfolgreiches Praxiskonzept dar.

Übersicht 10: Die DAO-Lernstufen-Systematik

1. Lernstufe: Die Hauptaufgabe ist es zu Beginn, den Ablauf der Form zu erlernen, womit im Wesentlichen gemeint ist:

- Hände und Füße zu koordinieren,

- die Laufrichtung einzuhalten und

- die Grundfehler zu vermeiden.

Die häufigsten Grundfehler des Taiji in dieser Stufe sind:

- das Durchdrücken der Gelenke (Knie, Lendenwirbelsäule, Ellenbogen etc.),

- das Hineinfallen in den Schritt, statt dessen setzt man erst den Fuß auf und verlagert dann das Gewicht darauf,

- das Drehen auf dem voll belasteten Standfuß.

2. Lernstufe: Erlernen der Applikationen einer jeden Bewegung der Form unter den Aspekten Kraftart, Kraftrichtung und Berührungspunkt mit dem Gegner. Taiji war in seinen Ursprüngen eine ausgefeilte Kampfkunst. Leider stellt sich immer wieder heraus, dass viele Praktizierende diese wichtige Komponente zu wenig kennenlernen oder sogar ausblenden. Letztlich hat jede Bewegung in einer Taiji-Form eine Bedeutung in der Anwendung bei einem Gegner. Dieses exakt zu fühlen und zu erfahren, kann den Lernprozess sehr bereichern. Damit hat man bereits einen wichtigen Schritt getätigt, um eine bedeutungslose Form zu vermeiden.

3. Lernstufe: Hierbei handelt es sich um eine letztlich „unendliche" Lernstufe. Man bearbeitet bei jeder Bewegung die drei übergreifenden Themenkomplexe des DAO-Trainings:

- körperliche Haltung,

- Atmung/Qi und

- Geist/Shen.

Hier findet sich wieder das fächerübergreifende Grundprinzip des DAO-Trainings. Dabei werden die klassischen Prinzipien des Taiji exakt durchtrainiert und die Individualität des Schülers bekommt großes Gewicht.

Einige Schwerpunkte der 3. Lernstufe sind:

- das optimale Ansprechen der Muskulatur im Verhältnis zu den Gelenken,
- die aufrechte Körperhaltung,
- die stetige Anwendung von Drehungen, Kreisen oder Spiralbewegungen,
- die natürliche und zentrierte Atmung,
- die auf die Atmung abgestimmte fließende Bewegung,
- die Vermeidung des Grundübels der gleichen Gewichtsverteilung,
- die Kontrolle der exakten Geschwindigkeit,
- die Beachtung des Taiji-Schrittes,
- die grundsätzliche Führung der Bewegung aus der Körpermitte, dem sogenannten unteren Dantian (丹田, Dāntián).

Dieses Dantian befindet sich etwa 1,5 Cun (Breite von Zeige- und Mittelfinger) unterhalb des Bauchnabels, etwa in Höhe des Punktes Renmai 6 Qi Hai (气海/氣海, qì hǎi, „Meer des Qi"). Dieser Bereich des Körpers ist in vielen Kampfkünsten ein energetischer Schwerpunkt. In Japan wird er mit dem Begriff Hara (腹) bezeichnet und hat eine herausragende Bedeutung etwa im Karate, im Aikido oder auch in der Zen-Meditation (Zazen). Vor allem ist hier gemeint, als Mensch in seiner „Mitte" zu sein und aus ihr heraus zu agieren. Dies hat einen unmittelbaren Bezug zur Erde. Man spricht deshalb auch von „geerdet sein". Dies verbindet letztlich auch alle Wege der Daoisten, ob es sich um Taiji, Wushu, Qigong, Kalligraphie oder um Heilkräuter handelt. Im Westen definiert man dagegen eher das Selbstbewusstsein, Verstand und Vernunft, wenn es um die wesentliche Entwicklung der Persönlichkeit geht.

Enorme Bedeutung hat die Definition des festen Standes im Taiji und der Ausbildung des Gleichgewichtes ausgehend vom Punkt Niere 1 (涌泉, yǒng quán, „Sprudelnde Quelle"). Dieser Akupunkturpunkt befindet sich in der Mitte der Fußsohle in der Vertiefung hinter den Zehenballenpolstern. Im Taiji spricht man hier vom sogenannten „Wurzeln". Wie ein Baum sich von den Wurzeln her aufbaut, so sollte der Mensch seine innere Stärke von seinen Füßen her aufbauen. Das ist letztlich eine immer wieder praktisch zu übende Aufgabe. Wie beim Baum sollte die untere Körperregion eher fest „verwurzelt" und die obere Körperregion eher beweglich sein, wie eben die Krone des

Baumes, die als solche ein Beispiel für das Nachgeben im Sturme ist. Immer wieder werden beim Erlernen des Taiji solche Metaphern herangezogen, um auch in dieser Form sprichwörtlich von der Natur zu lernen.

Ziel ist es, eine wirklich gesunde und zugleich meditative Erfahrung innerhalb vorgeschriebener Bewegungen zu ermöglichen. Dieser Bereich des Lernens ist der weitaus schwierigste. Doch Taiji birgt bei ausdauerndem und intensivem Üben die Chance der wirklichen Entspannung des Geistes in der Bewegung und ist insofern eine Anti-Stressübung. Der angestrebte freie Qi-Fluss, die Ausbildung einer geschmeidigen Muskulatur und die Beruhigung des Geistes kann zu einer umfassenden Entspannung, zur sogenannten Ruhe in Bewegung führen. Nähert man sich diesem Ziel, sollte man diese

Form durch eine technisch anspruchsvollere Form ergänzen und diesen Weg weitergehen. Der Rahmenlehrplan einer Taiji-Schule kann bei entsprechender Umsetzung den Schülern über viele Jahre inhaltliche Orientierung geben. Jeder Schüler sollte immer wissen, woran er arbeitet, was die bisherigen Ergebnisse sind und zu welchen Konsequenzen die Fehleranalyse praktisch führt. Diesen Prozess muss der Trainer oder Lehrer sorgsam und mit viel Zuwendung ermöglichen und fördern.

In der Berliner DAO-Schule werden Formen verschiedener Stile unterrichtet (z.B. Yang, Chen, Wudang-Taiji). Weiterhin trainieren wir mit typischen Taiji-Waffen, so zum Beispiel mit Schwert (Jian, 剑), Langstock (Gun, 棍), Säbel (Dao, 刀) und Kurzstock (Qi Mei Gun, 齐眉棍) etc.

Übersicht 11: Der Ablauf der 24er Form Yang Taijiquan

1. Eröffnung: In die Stille eintreten oder das Qi wecken.

2. Die Mähne des weißen Pferdes gleichmäßig teilen (Abstreifen).

3. Der weiße Kranich breitet seine Flügel aus.

4. Die Knie schützen.

5. Die Harfe spielen.

6. Die wilden Affen vertreiben (die Arme nach hinten schwingen).

7. Haschen nach dem Vögelchen links (parieren, streichen, pressen, drücken).

8. Haschen nach dem Vögelchen rechts (parieren, streichen, pressen, drücken).

9. Die einzelne Peitsche (Hakenhand).

10. Die Hände im Wolkenfluss (Wolkenhände).

11. Die einzelne Peitsche (Hakenhand).

12. Den Hals des Pferdes klopfen.

13. Fersenstoß rechts.

14. Schlag zu den Ohren.

15. Fersenstoß links.

16. Hinuntergleiten (Schlange kriecht in den Boden/der Drache
     taucht ins Meer) und der goldene Hahn steht auf einem Bein (links).

17. Hinuntergleiten und der goldene Hahn steht auf einem Bein (rechts).

18. Die schöne Frau am Webstuhl
     (Weben nach beiden Seiten oder Fenster öffnen, Sterne schauen).

19. Die Nadel auf dem Meeresgrund.

20. Der Blitzarm (ein Arm schnellt vor).

21. Block (Drehung, Faustrückenschlag und langer Fauststoß /
     parieren und zuschlagen).

22. Sichtbares Schließen der Reihen.

23. Kreuzen und Heben der Hände.

24. Abschluss: Die Stille in sich tragen

Die 24er Form Yang-Stil wurde 1956 von der Staatlichen Kommission für Körperkultur
und Sport zusammengestellt und wird deshalb auch „Peking-Form" genannt. Sie ist

eine Form in der Tradition von Yang Lu Chan (楊露禪/杨露禅, 1799-1872) und eignet sich ideal für Anfänger. Sie beinhaltet die wichtigsten Stellungen des Taiji und besitzt noch eine Nähe zu ursprünglichen Schlangen- und Kranichbewegungen. Diese Form fördert beim Durchlauf viele wichtige Muskelgruppen und verlangt ein gleichmäßiges Tempo, wodurch eine meditative Erfahrung ermöglicht wird.

Übersicht 12: Der Ablauf der 48er Form Yang Taijiquan

1. Eröffnung und der weiße Kranich breitet seine Flügel aus.

2. Die Knie schützen und den Schritt drehen (Kleine Wende).

3. Die einzelne Peitsche.

4. Die Harfe spielen.

5. Abstreifen, Ziehen, Schieben (streichen und pressen).

6. Faustrückenschlag und langer Fauststoß (parieren und zuschlagen).

7. Haschen nach dem Vögelchen (parieren, streichen, pressen, drücken).

8. Den Tiger schauen (Drücken mit dem Oberkörper).

9. Der Hahn sticht (Harfe oder: die Faust unter dem Ellenbogen).

10. Die wilden Affen vertreiben (die Arme nach hinten schwingen).

11. Die Knie schützen (Sternchen; den Körper wenden und die Hand vorstoßen).

12. Die Harfe spielen.

13. Schieben und tiefer Fauststoß (Tiger; Knie streifen und nach unten schlagen).

14. Die weiße Schlange spuckt Gift (zeigt die Zunge).

15. Den Tiger bändigen (Spannschlag).

16. Der hohe Faustrückenschlag (links parieren).

17. Der Drache taucht ins Meer (Faust entlang des Beins drücken
    in halber Hockhaltung).

18. Himmel und Erde auseinander drücken
    (auf einem Bein stehen mit hebender Hand).

19. Der einfache Peitschenhieb (beinhaltet Schieben und kleine Wende).

20. Die Wolkenhände oder: die Hände wie ziehende Wolken bewegen.

21. Die Mähne des Pferdes teilen.

22. Den Pferderücken entlang (Tätscheln des Pferdes von hinten).

23.   Der rechte (Fersen-)Tritt.

24.   Die Ohren des Gegners mit beiden Händen schlagen.

25.   Der linke (Fersen-)Tritt.

26.   Die Faust hochheben (Faust-Schüttelschlag).

27.   Die Nadel auf dem Meeresgrund.

28.   Der Blitzarm (die Arme emporreißen).

29.   Der rechte und linke (Fersen-)Tritt.

30.   Das Knie streifen und den Schritt drehen.

31.   Langer Fauststoß oder: hinaufsteigen und den Gegner einfangen.

32.   Die Reihen sichtbar schließen (das Tablett).

33.   Die Wolkenhände oder: die Hände wie ziehende Wolken bewegen.

34.   Hoher Faustrückenschlag, rechts parieren.

35.   Weben: Nach links und rechts wie ein Weberschiffchen.

36.   Schlange: Schritt zurück und die Hand drücken (tiefer Stich links).

37.   Nadel oder: Hohlschritt machen und Hand drücken.

38.   Die hohe Schlange oder: auf einem Bein stehen mit anhebender Hand.

39.   Die Reiterhaltung (das Anlehnen).

40.   Körper wenden und große Schwingung (das Gelenk drehen).

41.   Der Drache taucht ins Meer oder: die Hand schwingen und niederstoßen.

42.   Hinaufsteigen, um sieben Sterne zu bilden.

43.   Rittlings auf dem Tiger (Lotus-Kick).

44.   Körper wenden mit Arm- und Beinschwingung (Seife holen).

45.   Den Bogen spannen (Spannschlag) und den Tiger schießen.

46.   Faustrückenschlag und langer Fauststoß (parieren und zuschlagen).

47.   Das Vögelchen (parieren, streichen, pressen und drücken).

48.   Abschluss: Die Hände kreuzen.

Diese Form wurde 1976 von der Staatlichen Kommission für Körperkultur und Sport zusammengestellt und beinhaltet auch Elemente anderer Stile. Sie eignet sich sowohl für Neueinsteiger als auch für Übende, die bereits Vorerfahrungen haben. Gegenüber der 24er Yang-Form zeichnet sich die 48er Form durch die Arbeit in der Diagonalen aus. Zudem sind anspruchsvollere Haltungen, Tritte und Drehungen enthalten. Sie stellt höhere Anforderungen an die Kondition, die Konzentration und die Balance.

Es gibt zahlreiche Möglichkeiten Taiji zu trainieren. Es gibt einfache und sehr komplexe, kurze und sehr lange sowie alte und junge Formen. Das alles sagt noch nicht viel über die Qualität aus. Auch eine kurze und moderne Form kann gesund und energetisch anspruchsvoll interpretiert werden. Natürlich kann man auch darüber diskutieren, welchen Stellenwert die Formen aus dem modernen China haben. Es gibt ganz sicher Vor- und auch Nachteile. Zum einen sind es Formen, die von unendlich vielen Taiji-Schülern weltweit praktiziert werden. Zum anderen stellen sie in ganz eigener Weise einen relativ leichten und systematischen Einstieg in das Taiji-Training dar. Sie können einen Platz im Bereich der Grundlagenausbildung haben. Zudem muss man sie nicht zwingend unter den Gesichtspunkten des Wettkampfes üben, sondern kann klassische Prinzipien in den Mittelpunkt stellen.

Wer sich intensiver mit Taiji befasst, wird an höheren Formen, z.B. der Chen-, Yang-, Wudang-Schule oder insbesondere auch an den reinen Tierformen, nicht vorbeikommen. Die Eigenheiten der modernen Wettkampf-Taiji-Vorgaben sind aus meiner Sicht eher problematisch für unsere Zwecke. Wenn Taiji als Wettkampfsport aufgefasst wird, können wesentliche Gehalte verloren gehen. Insbesondere die ab einem bestimmten Punkt des Lernens notwendige eigene Interpretationsleistung des Praktizierenden wird wohl eher nicht im Mittelpunkt eines Sportlers stehen. Die Vorgaben des Taiji-Wettkampfes leiten den Blick der Punktrichter und bestimmen das Training des Schülers. Taiji wird ähnlich bewertet wie zum Beispiel Eiskunstlaufen.[4]

Meines Erachtens ist es nicht immer der richtige Weg, nur einem Meister, einem einzigen Stil zu folgen. Wichtiger ist die Einhaltung der Taiji-Prinzipien und die Einbeziehung der drei Bedeutungsgehalte Kampfkunst, Gesundheit und Meditation. Welcher Stil jeweils vom Schüler besonders trainiert wird, hängt von seinen Neigungen, von seinem Charakter und von seinen Fähigkeiten und Fertigkeiten ab. Hier kommt dem Trainer eine Schlüsselfunktion zu. Ich habe sehr viele Momente erlebt, in denen Schüler sich damit begnügten, die Form vom Ablauf her zu erlernen. Danach wird sie einfach immer nur wiederholt. Das ist ein Weg, bei dem man aber nicht zu den höheren Gehalten des Taiji vordringen kann. Wer Taiji wirklich erlernen möchte, benötigt auch das dazugehörige Handwerk. Hat der Schüler die Form vom Ablauf her erlernt, hat er sich lediglich den ersten Zugang zur Kunst des Taiji erarbeitet. Nicht mehr und nicht weniger![42]

Tuishou – „Schiebende oder fühlende Hände" / „Pushing Hands"

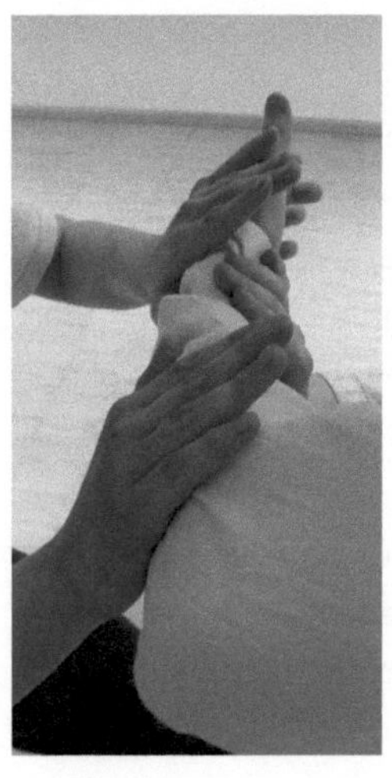

Außer den Formen ist das Übungssystem des Tuishou (Tuīshǒu, 推手) von wesentlicher Bedeutung für ein umfassendes Taiji-Training. Es handelt sich hier um Partner-Taiji, welches vor allem den Aspekt der Selbstverteidigung sehr gut trainiert.

Das Formtraining allein ermöglicht eine nur ungenügende bzw. unzureichende Erfahrung im Kampfbereich. Wer erfahren will, wie sich Taiji-Prinzipien beim Gegner verwirklichen lassen, muss das System des Tuishou in seine Ausbildung integrieren. Meist beginnt man mit sogenannten Routinen (Grundbewegungen oder Pattern). Am Beginn stehen die 13 Stellungen oder Grundkräfte (bāmén, 八門, wǔ bù, 五步).

Übersicht 13: Die 13 Stellungen des Tuishou

Die acht Türen (ba mén, 八門) oder die acht Kräfte

1.   Peng Jing: Elastische Kraft, aufnehmen, auch schützen oder ablenken.

2.   Lü Jing: Ableitende Kraft, seitliches Auslenken, weichen oder zurückrollen.

3.   Ji Jing: Wechselnde Kraft, pressen, drängen, manchmal drücken.

4.   An Jing: Schiebende Kraft, drücken, stoßen.

5.   Cai Jing: Ziehende Kraft, auch nach unten ziehen.

6.   Lie Jing: Trennende Kraft, spalten, transportieren oder „Das Rad stechen".

7.   Zhou Jing: Ellenbogenkraft, den Ellenbogen anlehnen.

8.   Kao Jing: Schulterkraft, die Schulter anlehnen.

Die fünf Schritte (wu bu, 五步)

1.   Qian Jing (Chi): Vorwärtsgerichtete Kraft, bezeichnet allgemein das Vorwärtsgerichtetsein beim Nachfolgen (anhaften).

2.   Hou Tui: Zurückweichende Kraft, verwendet man, um im Gegnerkontakt, so wie es nötig ist, zurückzuweichen.

3. Zuo gu (Ku): Links schauen, bezeichnet die Aufmerksamkeit des Übenden nach links; nicht zwingend muss nach links geschaut werden.

4. You pan: Rechts blicken, bezeichnet die Aufmerksamkeit des Übenden nach rechts.

5. Zhong ding (Ting): In der Mitte / im Gleichgewicht sein, bezeichnet die Zentrierung des Übenden in der Mitte („Erde").

Übersicht 14: Die fünf wichtigsten Tuishou-Routinen

1. Die ersten vier Techniken ermöglichen bereits das zunächst wichtige einhändige Tuishou (1. Routine: Dān Shǒu Tuī Shǒu, 单手推手).

2. Anschließend geht man zum zweihändigen Tuishou über.
(2. Routine: Shuāng Shǒu Tuī Shǒu, 双手推手).

3. Danach trainiert man die fortgeschrittenen Techniken mit Schrittarbeit
(3. Routine: Huó Bù Tuī Shǒu, 活步推手).

4. Es folgt die weiterführende Technik des „Großen Ziehens"
(4. Routine: Dà Lǚ, 大捋).

5. Letztlich trainiert man dann bis zur freien Bewegung
(5. Routine: Sàn Shǒu, 散手).

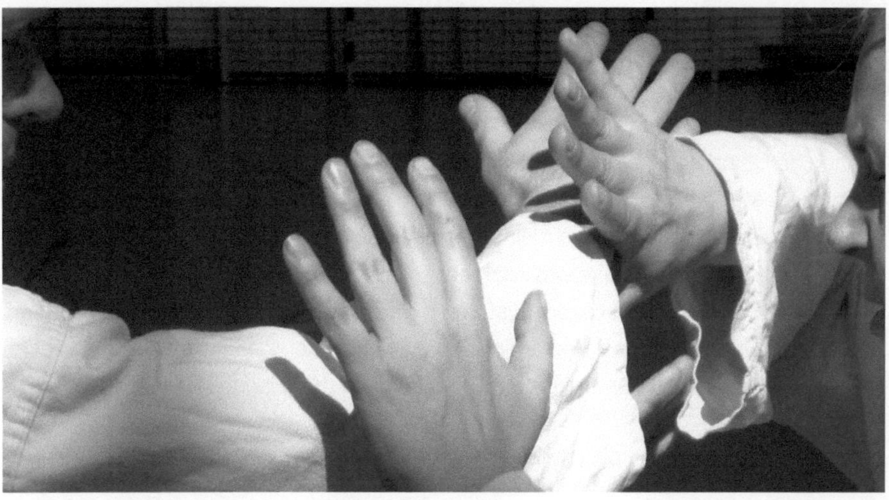

Es gibt heute neben den acht Grundkräften und den fünf Schritten noch
eine Einteilung (z.B. auch von Chen Xiao Wang) in fünf Aufbau-Techniken:

1. Teng: von unten nach oben schlagen/hoch auslenken.

2. Shan: von oben nach unten ausweichen/abducken.

3. Zhe: sich drehend bewegen/seitlich ausweichen.

4. Kong: die Leere spüren/innerlich und äußerlich leer sein.

5. Huo: hohe Agilität/Beweglichkeit.

Wichtige Übungsgrundsätze des Tuishou-Trainings

1. Entspannen und lockerlassen sowie nicht blocken oder dagegenstemmen.

2. Nachgeben und aufnehmen der gegnerischen Energie.

3. Lenken und ableiten bzw. Transportieren der gegnerischen Energie.

4. Fester Stand und Stärkung der eigenen Wurzeln.

5. Qi-Zentrierung durch tiefen Schwerpunkt und dadurch Stärkung
   der eigenen Mitte.

Tuishou ist ein wichtiges Element des Taiji-Systems und sollte von jedem Schüler ausdauernd geübt werden. Anders als in der Solo-Form ist man hier mit der konkreten
Energie eines Trainingspartners konfrontiert, was die Anwendung der klassischen Taiji-
Prinzipien wie „Unten fest – oben beweglich" und „Qi Lenken" noch einmal ganz an-
ders ermöglicht. Zudem stellt es in anderer Weise ein hervorragendes Training in den
Bereichen Reflexions-, Koordinations-, Umstellungsfähigkeit dar. Die Positionierung
zum Gegner und das zeitlich exakte Reagieren sind wesentliche Trainingsinhalte des
Tuishou. In China habe ich erlebt, dass dieses System unglaublich viel Spaß machen
kann. Im Westen wird es eher sehr sportlich und ernst trainiert. Die Anwendung dieses
Systems in Wettkämpfen ist aus meiner Sicht fachlich eher fraglich. Im Ergebnis bleibt
dann von Prinzipien des Taiji kaum noch etwas übrig. Im Kern kann Tuishou einen notwendigen Übergang zu anderen Systemen, wie zum Beispiel das der „Klebenden
Hände" (Chi Sao), herstellen. Weiterhin sehen wir hier einen klaren Bezug zu den Techniken der „Schlagenden Hände" (Da Shou) oder zu den „Kreuzenden Händen" (Ke Shou).

Neben der Praxis wird im Taiji-Training der DAO-Kampfkunstschule immer auch Theorie angeboten. Hier reicht die Spanne von Philosophie und Geschichte bis hin zur Medizin (TCM). Ein Schwerpunkt ist natürlich der Daosimus in Verbindung zum Taiji: Dào (道), Wu Wei (無為), das Dào Dé Jīng (道德經) etc.

Exkurs: Zur Pädagogik des Kampfkunsttrainings

> *„Es ist leicht, jemanden Geschicklichkeit zu lehren, aber es ist schwer, jemanden zu einer eigenen Verhaltensweise zu verhelfen."* Bruce Lee[43]

Immer wieder ist zu beobachten, dass Trainer, ja selbst Meister lediglich ihren Meister kopieren, wenn sie die Inhalte weitervermitteln. Doch eine Sache zu beherrschen bedeutet noch nicht zwingend, dass man auch die Fähigkeit besitzt, sie anspruchsvoll weiterzuvermitteln. Dazu gehört nicht nur das perfekte Beherrschen der Technik, sondern eine Ausbildung in sportwissenschaftlichen, historischen und pädagogischen Themenbereichen. Auch ein Erste-Hilfe-Kurs sollte einem Trainer stetig abverlangt werden. Insofern sind die Anforderungen der Trainer-Lizenzen der deutschen Landessportverbände dahingehend eine recht vernüftige Verfahrensweise. Die Notwendigkeit, sich vor allem für die Ausbildung von Kindern ein solides pädagogisches Grundwissen zu erarbeiten, werden wir an anderer Stelle noch einmal intensiver diskutieren.[44]

In der folgenden Übersicht finden sich lediglich Kern-Aussagen zur Pädagogik in der Kampfkunst. Sie sollen behilflich sein, eventuelle Entscheidungen bei der Suche nach der richtigen Kampfkunstschule zu erleichtern.

Übersicht 15:

Hinweise für eine gesunde Trainingsleitung bzw. -pädagogik

- Das Training hat eine klare Struktur, wie etwa Begrüßung, Erwärmung, Hauptbelastung, Techniktraining, Theorie und Abschluss.

- Das Training ist nicht mit Ritualen (Flaggen, Zeremonien, schicke Anzüge, Altäre, Räucherwerk etc.) überfrachtet.

- Der Trainingsraum ist gut belüftet, sauber und bietet eine angenehme Atmosphäre. Teppiche und Auslegware haben in einem Trainingsraum nichts zu suchen.

- Der Trainer befragt den Schüler vor dem ersten Training nach Vorerfahrungen und gesundheitlichen Besonderheiten/Einschränkungen.

- Der Trainer ermöglicht dem Schüler individuelle Übungszeit, bietet eine diskrete Fehlerkorrektur und handhabt insofern eine individuelle Leistungsbewertung.

- Der Trainer vermeidet das Herausheben von „Lieblingsschülern" bzw. die ungenügende Beachtung oder Gängelung „unliebsamer Störer". Wenn ein Trainer oder Meister einen Schüler nicht genügend erreicht, dann kann es auch an den Methoden und Mitteln des Unterrichts liegen.

- Der Trainer ist dem Schüler ein theoretisches, praktisches und menschliches Vorbild.

- Der Trainer bemüht sich auch im eigenen Leben um die Verwirklichung seiner Lehren, anstatt ständig die Herkunft von einer bestimmten Schule oder von bestimmten Meistern oder Großmeistern zu betonen.

- Ein Trainer legt Wert darauf, selber als normaler Mensch aufzutreten, der stetig selber weiterlernt und damit auch von Fehlern und notwendigen Korrekturen nicht befreit ist.

- Der Trainer motiviert unablässig seine Schüler, anstatt autoritäre Lernformen wie Zwang anzuwenden.

- Der Trainer bietet dem Schüler ausreichend lange Übungsphasen und erkennbare Trainings-Zyklen, die dem Schüler genug Klarheit, Raum und Zeit für das tatsächliche Üben lassen.

- Ein wesentliches Element der gesunden Kampfkunst ist das Lehrgespräch zwischen Meister und Schüler, in dem der Schüler seine Ängste, Sorgen und seinen Ärger kund tun kann.

Im wöchentlichen Training der DAO-Kampfkunstschule wird der Schüler immer entsprechend seinem individuellen Niveau trainiert. Es gibt im Wochentraining derzeit bei uns nahezu keine Kursform, sondern überall offene Trainings, in die man immer auch als Anfänger einsteigen kann. Damit entsteht eine sehr individuelle Lernsituation und nach einigen Jahren eine quasi familiäre Atmosphäre. Diese Organisationsform funktioniert allerdings nicht mit sehr vielen Schülern zugleich. Man trainiert bei uns in der Regel mit maximal acht bis zwölf Schülern. Der Trainer oder Lehrer wird damit zu einer Art „väterlicher Freund", was den Begriff Shifu (Shīfù, 师父) erfüllt, der in China dafür benutzt wird. Die im Westen übliche Übersetzung „Meister" trifft diese inhaltliche Bedeutung weniger.

DAO-Wushu

Es ist möglich, sich in der Kunst des Kampfes gesund ausbilden zu lassen und sich über viele Jahre einem sehr fordernden Training zu unterwerfen. Weder öffentliche Vorführungen noch aufwendig entwickelte, hierarchische Graduierungssysteme oder stetige Shows sind dafür erforderlich. Selbst auf die im Kampfsport scheinbar unerlässlichen Wettkämpfe kann verzichtet werden. Das ist lange bekannt: „Wer gut zu kämpfen weiß, ist nicht zornig. Wer gut die Feinde zu besiegen weiß, kämpft nicht mit ihnen."[46] Das Verletzungsrisiko eines solchen Weges ist nach meiner jahrzehntelangen Erfahrung extrem niedrig.

Es ist bereits sehr viel über die historische Entwicklung der chinesischen „Kunst des Kampfes" Wushu (武术, Wǔshù) geschrieben worden, auch dass der Begriff relativ modern ist. Noch in der Kaiserzeit sprach man von wuyi, quanbang oder jiji. Erst in den 1950er Jahren wurde in der Volksrepublik ein Wushu-Sportverband gegründet und schließlich 1959 von der chinesischen Regierung offiziell anerkannt. Heute überwiegt in China eher eine sportlich-akrobatische Showkunst. Auch in Deutschland gibt es mit der Deutschen Wushu Federation e.V. einen Wushu-Fachverband. In diesem sind die Kriterien des Sports von Punkterichtern und strengen Regelwerken bestimmt: „Die Wettkampfwertung funktioniert, ähnlich anderer ‚ästhetischer Sportarten', wie z.B. dem Eiskunstlauf, mit einem Punktesystem."[47]

Doch diese Künste sind nicht identisch mit den Gehalten der traditionellen Kampf-künste. Es gibt sogar die Auffassung, dass man den heutigen Turnier und Wettkampf-sport gar nicht als Wushu bezeichnen sollte; die Veränderungen und Umwandlungen, insbesondere nach 1949 kämen geradezu einer Verstümmelung der alten chinesischen Traditionen gleich. Auffällig sind die Einflüsse der chinesischen Oper, des Kickboxens, Ringens und Turnens. Das hat mit dem ursprünglichen Charakter des Wushu als ein Weg des Kampfes nicht viel gemein, bei dem es beispielsweise um explodierende Kraft, Effektivität und Anwendbarkeit sowie um eine lebensbestimmende Hingabe des Übenden an eine Sache ging. Letzteres wird im eigentlichen Sinn als Gongfu bezeich-net (功夫, Gōngfū).[48]

Wushu-Sportschule in Shaolin im Jahre 2007

Zum Verhältnis von DAO-Wushu und modernem chinesischen Wushu

Das DAO-Wushu in Berlin wirkt zunächst für viele ungewöhnlich, da wir keinen der heute weit verbreiteten Wushu-Stile vertreten. Die Orientierung liegt schwerpunktmäßig auf den eher daoistisch geprägten sogenannten inneren, Qi-lenkenden Techniken, bei denen die Atmung im Training eher ruhig bleiben sollte. Den üblichen Konkurrenzkampf zwischen inneren und äußeren, nördlichen und südlichen oder weichen und harten Sti-len des Wushu lassen wir in Berlin in dieser absoluten Trennung eher außen vor. Es ist fraglich, ob diese Trennungen wirklich durchgehalten werden können. Dieser Meinung ist auch ein Kollege, der lange in China gelebt und trainiert hat: „Tatsache ist, dass es eine solche strikte Teilung nicht gibt und auch nie gab. So benutzten beispielsweise auch äußere Stile Techniken, um die Kraft eines gegnerischen Angriffs aufzunehmen. Stellenweise sind beide Lehren deckungsgleich. Außerdem haben sich die Philosophien von Buddhismus und Daoismus gegenseitig beeinflusst."[49] Letztlich ist man gut beraten, durch intensives Training ursprüngliche Bewegungs- und Kampfmuster zu studieren; möglichst solche, die noch Tierstile wie Tiger, Affe, Adler, Schlange etc. thematisieren. Natürlich kann man auch Sanda ausprobieren, was eine Art Vollkontaktkampf mit Handschuhen darstellt. Das ist nach unserer Erfahrung durchaus anspruchsvoll und kann Spaß machen. Allerdings hat es mit den ursprünglichen Techniken des Wushu nicht viel gemeinsam.

DAO-Wushu und japanische Traditionen

Zu allen Zeiten wurde die Geschichte der Kampfkunst immer wieder durch Veränderungen geprägt, die wesentlich in den historischen Gegebenheiten und in den Biographien der entsprechenden Meister begründet waren. Oft wurden verschiedene Stile verbunden, Teilsysteme weiterentwickelt oder übernommen. So integrieren wir im DAO-Wushu inhaltlich Übungen, die man heute eher dem japanischen Raum zuordnet. Und zu guter Letzt tragen wir im Kampftraining oft auch japanische Kleidung. Inhaltlich begründet sich dies aus einem eher freien Umgang mit Traditionen der Kampfkunst. In den letzten Jahrhunderten gab es immer wieder starke Verbindungen zwischen der japanischen und der chinesischen Kampfkunst.

Hanshi Isao Ichikawa

Hier sei ein kurzer biographischer Exkurs gestattet: Ich selber habe zunächst viele Jahre in verschiedenen Judo- und Karatetraditionen gelernt. Unter anderem durfte ich auch mit dem japanischen Großmeister Hanshi Isao Ichikawa (1935-1996) die Stilrichtung Karatedo Dōshinkan (道心館, dōshinkan) trainieren. Er entwickelte seine Kunst ebenfalls unter Ausschluss von sportlichen Wettkämpfen und graduierte seine Schüler, ohne wirkliche Prüfungsleistungen abzufordern. Eher schien er deren persönliche Entwicklung im Blick zu haben. Ich erlebte kurz vor seinem Tode unter anderem sogenannte Atem-Katas, die für mich eine sehr intensive Qi-Arbeit darstellten und mich wesentlich prägten. Hanshi zeichnete sich durch seine unglaubliche Präsenz aus. War er im Raume führte das unweigerlich zu einem Wohlbefinden. Zudem war er extrem belesen und in seinem Wesen ein wahrhaft heiterer Mensch.

Später trainierte ich jahrelang in einer sehr guten, nicht kommerziellen Berliner Wushu-Schule, die chinesische und japanische Inhalte selbstverständlich kombinierte und anfänglich auch nicht für sportliche Wettkämpfe trainierte. Die extrem soliden Ergebnisse im Kampfverhalten, in der Technikausführung sowie die Umfassenheit der Ausbildung hatten mich absolut überzeugt. Ich bin noch heute sehr dankbar für diese Jahre. Theoretisch wird diese Verbindung heute inzwischen ebenfalls untermauert: „Die Haupt-Prinzipien 'Weichheit besiegt Härte', 'entspannte Ausgerichtetheit' und 'Gedankenkraft statt Körperkraft' gibt es u.a. im Aikido, Judo und Jujutsu. In der Stilrichtung Shindo Yoshin Ryu werden seit Jahrhunderten Übungen für Innere Kraft (Nairiki Kata) überliefert, die vergleichbar sind. Sie gelangten schon lange vor Yang Luchan von China nach Japan."[50] Die Aussage, dass auch japanische Meister Taijiquan beherrschten, verwundert aus dieser Perspektive keineswegs: „Berühmte Karateka wie Kanazawa oder Ohgami praktizierten auch Taijiquan. (...) Die Gemeinsamkeiten von Taiji und Wado-Ryu-Karate werden erforscht. Eine Schlüsselrolle kommt dem Yoshin Ryu des Samurai Y. Akiyama zu, über den chinesische Kampfkunst-Prinzipien in das Shindo Yoshin Ryu Jujutsu des Wado-Karate-Gründers H. Otsuka gelangten."[51]

Der japanische Aikido-Begründer Morihei Ueshiba (植芝 盛平, 1883-1969), welcher als einer der größten Kampfkunst-Meister überhaupt gilt, erlernte mehrere Stile des Jujutsu. Ein System, welches nach heutiger Forschung wesentlich von den chinesischen

Kampfkünsten geprägt wurde.[52] Auch Aikido ist ein Beispiel für die ernsthafte Ausführung einer Kampfkunst, die zwar nicht auf Graduierungen, jedoch weitestgehend auf Wettkämpfe verzichtet. Es ist vielmehr ein Weg des ursprünglichen Budo. Morihei Ueshiba begriff ihn als einen „Weg, die Welt zu versöhnen und aus den Menschen eine Familie zu machen. Das Geheimnis des Aikidos ist es, sich mit den Bewegungen des Universums in Einklang zu bringen und mit ihm zu harmonieren."[53] Ueshiba begriff in geradezu pazifistischer Form Liebe und Geist als Wesenskomponenten wahrer Kampfkunst.

Auch der Begründer des Judo Jigoro Kano (嘉納 治五郎, Kanō Jigorō, 1860-1938) besuchte Ueshiba, war begeistert und schickte seine besten Schüler zu ihm. Judo selbst entstand ebenfalls aus einer spezifischen Weiterentwicklung des Jiujitsu. Der enorm belesene Kano betonte die Wichtigkeit des „Anpassens" oder auch des „Nachgebens" im Kampfverhalten. Auch dieser „sanfte Weg" folgt insofern alten Prinzipien, die historisch zuvor in China begründet worden waren. Leider hat sich Judo heute zu einem Wettkampfsport entwickelt, bei dem es vordergründig um den Sieg geht. Ursprüngliche Schläge (Atemi) und Waffentechniken spielen heute kaum noch eine Rolle. Als ich vor einigen Jahren das Heimat-Dojo (Kōdōkan-Dōjō) des Judos in Tokio besuchte, staunte ich zudem darüber, dass es sich in einem Hochhaus befand. Kano's Denkmal stand versteckt auf einem Parkplatz.

Die technische Bandbreite des DAO-Wushu

Dao-Wushu ist eine gesunde Kampfkunst. Wir trainieren stilübergreifend, ohne Wettkämpfe und sind den chinesischen wie auch den japanischen Traditionen gegenüber offen. DAO-Wushu beinhaltet folgende Trainingsbereiche:

- Fallschule,

- standardisierte Verteidigungsfolgen,

- Selbstverteidigung,

- waffenloses Formentraining,

- Freikampf im Stand, im Übergang Stand-Boden (Würfe) und am Boden,

- Schlagtraining am Polster, Sandsack, Pratze etc.,

- sportliches Kraft- und Ausdauertraining,

- hartes Qigong,

- Waffenformen und Applikationen zum Beispiel mit japanischem und chinesischem Schwert, dem Säbel, dem Kurz- und Langstock und dem Messer.

Es ist meine Grundüberzeugung, dass man aus fachlicher Sicht keine absolute Trennung des Wushu von den Gehalten des Qigong, des Taiji oder der daoistischen Meditation vornehmen darf. So muss ein Qigong-Schüler zwar nicht zwingend auch Wushu trainieren, umgekehrt aber schon. In der Wushu-Ausbildung sollte der Schüler sich umfassend mit den verschiedenen Gehalten des chinesischen Weges auseinandersetzen. So halte ich zum Beispiel die Verbindung des Wushu-Trainings mit dem System der Stehenden Säule (Zhàn Zhuāng Qìgōng, 站桩氣功) für unabdingbar.

Natürlich kommt es bei solchen Entscheidungen auf das Kriterium an. Hat man Wettkämpfe, Graduierungen oder Pokale im Blick des Schülers positioniert, wird die Ausbildung wohl oft anders gestaltet sein. Ein Kampfkunst-Freund erzählte mir von seinem Versuch, in den Shaolin-Trainingszentren zu üben. Die Methoden und Mittel der Sportschule waren extrem hart und verlangten unendlichen Durchhaltewillen. Der Schmerz war allgegenwärtig. Nach nur kurzer Zeit wurde er krank und schied aus. Ich vertrete die These, dass die gegenwärtigen Tendenzen eines Vorführungs- und Wettkampfsportes mit traditionellen Wushu-Wegen kaum noch etwas gemeinsam haben. Am ehesten kann man den Gehalten des Wushu gerecht werden, wenn man sich auf ursprünglichen Wegen und undogmatisch der Vielfalt der chinesischen Kampfkunst nähert.

Ein letztlich wichtiges Merkmal unseres Trainings ist die stetige Theorieausbildung. Diese findet sowohl begleitend im praktischen Training als auch gesondert in diversen Weiterbildungen der Schüler statt. Dabei sind die Verbindungen des Wushu zur inneren Arbeit, zur chinesischen Medizin und zur Philosophie zu vermitteln.

Letztlich geht es in der Kampfkunst nicht nur um die Perfektionierung der körperlichen Technik, sondern um die Kultivierung des Qi und die Befreiung des Geistes, was uns schon der daoistische Philosoph Liä Dsi erklärte:

„Gi Siau Dsï richtete für den König Süan vom Hause Dschou einen Kampfhahn zu. Nach zehn Tagen fragte der König: 'Kann der Hahn schon kämpfen?' Er sprach: 'Noch nicht, er ist noch eitel, stolz und zornig.' Nach aber zehn Tagen fragte er wieder. Er sprach: 'Noch nicht, er geht noch auf jeden Laut und Schatten los.' Nach aber zehn Tagen fragte er wieder. Er sprach: 'Noch nicht, er blickt noch heftig und strotzt vor Kraft.' Nach aber zehn Tagen fragte er wieder. Er sprach: 'Nun geht es. Wenn andere Hähne krähen, so macht das keinen Eindruck mehr auf ihn.' Der Hahn war anzusehen wie aus Holz. Sein Wesen war vollkommen. Fremde Hähne wagten nicht mit ihm anzubinden, sie kehrten um und liefen weg."[54]

JING DAO-Meditation

Meditation in Shaolin

„Der Name ist der Gast der Wirklichkeit."
Dschuang Dsi

Die Meditation gehört zu den höchsten Stufen des Trainierens. Wir kennen viele Meditationstraditionen in verschiedenen Kulturen, also neben der daoistischen auch verschiedene buddhistische Stilarten vor allem in China, Indien, Tibet und Japan.

Meditation in verschiedenen Kulturen und Traditionen

Wichtiger Ausgangspunkt vieler Meditationspraktiken sind der indische Buddhismus und das Yoga. Auch tibetische Meditationstechniken verbreiten sich immer mehr im Westen, wie etwa die Shambala-Lehre. Sie wird auch in Berlin praktiziert.[55]

Eine weitere überzeugende Variante der Versenkungstechniken findet sich im japanischen Zen (禪/禅). Entstanden aus dem chinesischen Chan-Buddhismus (禪, Chán) und anknüpfend an die Tradition Bodhidarmas ist Zen eine Achtsamkeitsschule. Diese Meditation zielt darauf ab, eine innere Leere statt allgegenwärtiger Gedankenflut zu kultivieren, was sich letztlich in der alltäglichen Praxis des Schülers bei allen Verrichtungen zu erweisen hat: „Zazen ist Leben in der Gemeinschaft, das rechte Tun im Alltag in der Freiheit des Geistes."[56] Hier finden sich viele Parallelen zu der von uns praktizierten daoistischen Methode. Wer in diesem Sinne meditiert, hat die Freiheit des Geistes als Leit-Thema.

Eine immer wiederkehrende Frage widmet sich der Tradition der abendländischen Versenkungstechniken. Hier spielen die jüdische, die christliche und die islamische Hochkultur eine wesentliche Rolle. Es ist nachgewiesen, dass auch in der Geschichte des Abendlandes Meditationstechniken tradiert wurden.[57] Arbeitet man mit einem eher weiten Begriff der Meditation, im Sinne von Entspannung des Geistes auch durch Einbeziehung von beispielsweise Gesang, dann wird dieser Zusammenhang augenfällig. Diese Fragen sind heute vor allem für Forschungsinstitute ein Arbeitsfeld. Ein Beleg für die Aktualität dieses Themas ist die Gründung des Zentrums für christliche Meditation und Spiritualität des Bistums Limburg im Jahre 2007.

Es gibt interessante Ansätze, christliche Kontemplation und Zen zusammenzubringen, wie zum Beispiel durch den Jesuitenpater und christlichen Zen-Lehrer Hugo Makibi Enomiya-Lassalle (1889-1990).[58] Der Zen-Meister der Sōtō-Linie Mokudō Taisen Deshimaru Rōshi (弟子丸 泰仙, 1914-1982) gilt als Wegbereiter der Zen-Meditation in Europa. Von Paris aus verbreitete er ab 1967 die Zen-Praxis „shikantaza", die „Praxis des selbstlosen Sitzens in der Haltung der Erweckung" (Zazen). Dieser Meister äußerte sich wiederholt zum Verhältnis der östlichen Meditationspraktiken zur christlichen Tradition, mit der er seit seiner Kindheit vertraut gewesen ist. Er bezieht sich in seinen Texten zudem ausdrücklich auf den Logos-Begriff der griechischen Philosophie: „Wir müssen jedoch den Logos vor Jesus Christus, ja selbst vor Gott finden. Wir müssen vor die Schöpfung des Kosmos zurückgehen, vor das Ur-Chaos, vor den Ursprung der Dinge. Christus sagte: Ich versichere euch, bevor Abraham geboren wurde, war ich schon der, der ich bin. (Joh. 8,58) So können wir das wahre Licht in der Dunkelheit finden. Das ist Zen."[59]

Grundlagen der daoistischen Meditation

Was ist die Essenz der daoistischen Meditation? Es ist dies die natürliche und friedliche Haltung des Körpers, der Atmung und des Geistes. Es ist die Freiheit der wirklichen Stille, die wir erleben können, wenn wir meditieren. Die DAO-Meditation (道冥想, Dào Míngxiǎng) ist eine uralte Form aktiver Stillearbeit. Sie wird oft dem sogenannten Stillen Qigong zugeordnet. Es ist ein lohnenswerter und intensiver Weg zu sich selbst. Wer meditiert, hat die Chance, sich in Ruhe zu erkennen. Das Ziel ist grundsätzlich eine umfassende Entspannung. Es ist vor allem ein Weg des Friedens.

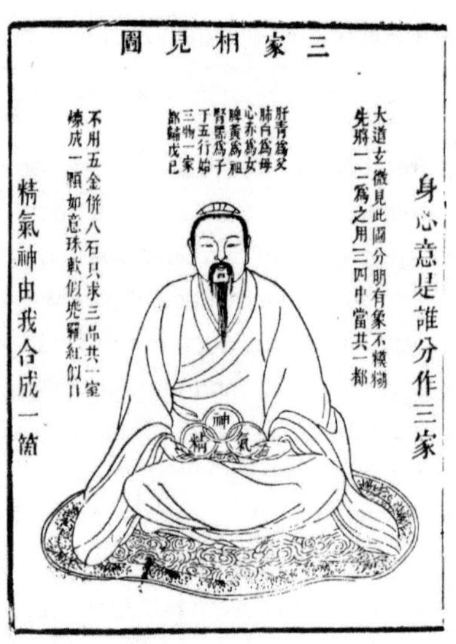

Antike Darstellung der „Goldenen Blüte"

Es gibt inzwischen eine zunehmende Anzahl von Publikationen auch zur daoistischen Meditation. Die absolute Grundlegung der DAO-Meditation erfolgte vor tausenden Jahren in den alten chinesischen Schriften der antiken Philosophie und klassischen Medizin, wie zum Beispiel im Huángdì Nèijīng (黃帝內經, Yellow Emperor's Inner Canon) oder auch im Dao De Jing (道德 經/道德经) von Lǎozǐ bzw. natürlich im daoistischen Klassiker der Wandlungen I Ging (易經/易经, Yì Jīng).

Ein weiteres wichtiges Werk ist die zunächst von Richard Wilhelm übersetzte mystische Schrift über das „Geheimnis der Goldenen Blüte" (太一金華宗旨/太一金华宗旨, Taiyi jin-hua zongzhi), welches vom taoistischen Adepten Lü Dong Bin oder auch Lü Yen, d.h. Lü der Höhlengast, stammen soll, den Wilhelm auf das achte Jahrhundert datiert.[60] Inzwischen gibt es eine rege Diskussion dieser Texte, da jede Übersetzung eine Interpretation darstellt. Eine weitere Variante lieferte zum Beispiel Mokusen Miyuki, der das 12. Jahrhundert als Entstehungszeit angibt.[61] Weitere daoistische Basistexte lieferte uns dankenswerter Weise Thomas Cleary.[62] In jüngster Vergangenheit legte Yürgen Oster eine wichtige Übersetzung daoistischer Meditationstexte vor.[63]

Vom I Ging wissen wir, dass einem Daoisten eine einzige Wahrheit gewiss ist, die der stetigen Wandlung allen Seins. Damit entfällt dem jeweiligen Sein der Absolutheitsanspruch: Alles, was ist, ist nicht absolut! Entstehen und Vergehen beherrschen die Welt. Wenn etwas nicht absolut ist, dann ist es veränderbar. Daoisten sind demnach keine Wirklichkeitsflüchter. Die angestrebte Einheit des Adepten im Dao ist keine Wirklichkeit jenseits des Gegebenen, sondern verwirklicht sich im alltäglichen Hier und Jetzt. Dabei geht es freilich um die Dinge, die uns davon abhalten, wahrhaftig zu leben, weil Süchte, Begierden, Hass, Wut, Angst oder ähnliche Dinge das Wesentliche verschleiern. Vor allem gilt es nach daoistischer Vorstellung, große Vorsicht gegenüber den Sinnen walten zu lassen, zu groß ist die Gefahr des Lebens in unwesentlichen Zusammenhängen.

Auch alte Themen der Mystik, wie zum Beispiel die Unsterblichkeit, spielen für heute

Meditierende kaum eine Rolle. Dennoch sind diese Gedanken aus der Tradition des I Ging heraus grundlegend. So gehen die Daoisten selbstverständlich davon aus, dass alles Gegebene mit energetischer Schwingung zu tun hat. Dem ist die Vorstellung von der allumfassenden Ganzheit des Universums unterlegt. Jene Meditationsschulen, deren Techniken sich auf die sogenannte „absolute Leere" ausrichteten, führten später zur Chan- bzw. zur Zen-Tradition im Buddhismus. Es gibt andere Traditionen, die kosmische Vorbilder und ewige Wahrheiten der Sternbilder thematisieren (Shangqing-Daoismus), zum Beispiel die sieben Sterne des großen Bären (Bei Dou Qi Xing).[64]

In der Meditations-Literatur der letzten Jahre haben sich im Westen vor allem die Methoden der buddhistischen Vipassana-Schule sowie die daoistischen Ansichten von Bruce Frantzis und von Mantak Chia einen besonderen Namen gemacht.

Viele meiner Schüler haben inzwischen eigene Erfahrungen nicht nur mit unserer JING DAO Methode, sondern auch mit der Vipassana-Meditation (vipassanā-bhāvanā) sammeln können. Auch diese Technik hat nichts mit Wirklichkeitsflucht zu tun. Sie ist vielmehr eine Art geistiges Training: „Vipassana ist eine der ältesten Meditationstechniken Indiens und bedeutet soviel wie 'die Dinge zu sehen, wie sie wirklich sind'. Vipassana wurde in Indien vor über 2500 Jahren von Gotama, dem Buddha, wiederentdeckt und von ihm als ein universelles Heilmittel gegen universelle Krankheiten, als eine Kunst zu leben gelehrt. Diese jedem frei zugängliche Technik, die nichts mit Religion oder Weltanschauung zu tun hat, strebt die vollständige Beseitigung geistiger Unreinheiten und letztendlich vollkommene Befreiung an. Heilung, jedoch nicht nur Heilung von Krankheiten, sondern das umfassende Geheiltwerden von menschlichen Leiden ist ihr Ziel."[65] Gegen eine alltägliche Verblendung wird hier durch Achtsamkeitsschulung eine Art „klare Sicht" favorisiert, die uns die wahre Natur der Dinge offenbart.

Der Kampfkünstler Bruce Frantzis betont positiv, dass es beim Meditieren in allen Traditionen um Licht, Gleichgewicht und Mitgefühl ginge, um die Welt zu einem besseren Ort zu machen.[66] Seinem Studium beim daoistischen Weisen Liu Hung Chieh verdankt er tiefe Einsichten in die Tradition daoistischer Meditation. Ich halte diese Variante für sehr lehrreich, da sie gut strukturiert und mit starker Betonung des alltäglichen angeleiteten Übens dargeboten wird. Im Kern geht es also bei daoistischer Meditation um folgendes: „Erstens, sie bietet uns praktische Mittel, um den physischen, emotionalen, mentalen und seelischen Teil in uns zu stärken. Zweitens, sie ermöglicht es, dass wir uns im Bewusstsein, unserer Seele und einem sich stetig verändernden Körper wohl und zu Hause fühlen. Drittens, sie befähigt uns dazu, dass wir mit unserem Alltagsbewusstsein eine direkte Verbindung zu dem stets gegenwärtigen und niemals endenden universellen Bewusstsein, aus dem alle Phänomene hervorgehen, erfahren."[67]

Mantak Chia gehört zweifellos durch seine Publikationen und die Verbreitung seiner Techniken zu den namhaftesten Daoisten der Gegenwart. Ich habe ihn selbst mehrfach erlebt. Seine Bücher und praktischen Anleitungen sind heute für sehr viele Schüler eine Art Leitfaden daoistischer Praktiken. Ein Hauptthema ist das Beherrschen der Qi-Lenkung im Körper. Die Verbindung alter Meditationstechniken, etwa der Kleine Kreislauf, mit grundsätzlichen Fragen der Heilbehandlung durch das Lenken des Qi ist ein wiederkehrendes Thema, dem auch wir uns widmen, worauf wir weiter unten noch zu sprechen kommen werden.[68]

Skizze zum Konzept der JING DAO-Meditation

In der von uns ausgeübten Meditation, die wir JING DAO (静道) nennen, steht uns eine sehr strukturierte, praxisorientierte Methodik zur Verfügung, die wir hier erstmals skizzieren möchten. JING DAO steht für einen „Weg der Stille".[69]

In einer notwendigen Vorbemerkung sei betont, dass es sich bei dieser Meditation nicht um die Hinwendung zu Gottheiten oder himmlischen Mächten handelt. Die Formen des religiösen Daoismus werden an dieser Stelle nicht thematisiert oder diskutiert. Im Kern geht es beim Meditieren in dieser Tradition immer um das symmetrische und aufrechte einfache Sitzen unter Einbeziehung der zentrierten Atmung zur Erlangung des „leeren Geistes". Es gibt letztlich nichts Heiliges oder Göttliches beim Meditieren. Es bringt uns dem nahe, was daoistisch als „kosmische Wahrheit" oder auch „natürliche Schwingung" bezeichnet wird. Es befreit von Habsucht und Gier. Es steigert das Wohlbefinden durch Wunschlosigkeit und Frieden. „In einem Körnchen Hirse ist die ganze Welt verborgen", so lautet schließlich eine Stelle im Nei Jing Tu, die das Ergebnis des alchimistischen Prozesses beschreibt."[70] Ich sage meinen Schülern in ähnlicher Weise oft: „Wenn wir begreifen, dass wir uns nicht lösen können von dem Gedeihen der Apfelbäume in unseren Gärten, dann haben wir viel verstanden."

Das erste Mittel der JING DAO-Meditation ist die Beobachtung (觀, Guan, 內 觀 Neiguan). Eine umfassende Achtsamkeit, Aufmerksamkeit oder auch Konzentration (定, Ding) mittels innerer Techniken wird zunehmend erlernbar. Zunächst aber ist es wichtig wahrzunehmen, was aktuell geschieht. Darauf aufbauend kommt es zur Erkenntnis und zur Durchdringung oder Reflexion des Ganzen. Wichtig ist zwingend die Akzeptanz des Gegebenen. Wer nicht akzeptiert, kann weder verzeihen noch verändern.

Geleitet wird der Unterricht, wie auch beim Taiji und beim Qigong, durch die Arbeit in den Bereichen Körper, Atmung und Geist. Oftmals wird in der Literatur auch von den drei daoistischen Schätzen Vitalität, Energie und belebender Geist ausgegangen, wobei die bereits diskutierten Begriffe Jing, Qi und Shen gemeint sind. Das Jing (精, jīng) wird in der Literatur viel diskutiert, weshalb hier nur kurz darauf eingegangen werden soll. Jing ist ein Grundbegriff der chinesischen Medizin, der meistens mit „Essenz" übersetzt wird und vor allem in Bezug auf die Sexualität und Kreativität verwendet wird. Dabei wird in der chinesischen Medizin dargestellt, dass wir ein gewisses Potential durch die Geburt von den Eltern erhalten; die sogenannte „Vor-Himmels-Essenz". Die Daoisten sind der Meinung, dass man diese Essenz durch ein ausbalanciertes Leben sowie durch spezielle Übungen schützen sollte. Aus diesem Jing bildet sich nach der Geburt des Menschen das sogenannte Ursprungs-Qi (Yuan Qi). Die Nach-Himmels-Essenz speist sich dagegen aus der Aufnahme von Nahrung und Getränken (Nahrungs-Qi, Gu-Qi) und aus dem Atmungs-Qi (Kong Qi), was im Qi-Bildungsprozess wichtig ist. Die Essenz (Jing) definieren die Daoisten mit Bezug auf die Erbanlagen in den Nieren. Dieser Funktionskreis agiert sowohl mit der Vor- als auch mit der Nach-Himmel-Essenz und sichert Lebenskraft und Konstitution. Diese fluidische Essenz zirkuliert nach dieser Auffassung vor allem in den „Acht Außerordentlichen Meridianen" (Qi Jing Ba Mai, 奇經八脈). Die Funktion der Essenz findet sich in der Sicherung von Fortpflanzung (die sogenannte „Alchemie der inneren Kammer"[71]), Wachstum und Entwicklung. In der daoistischen Meditation spielt die Essenz immer wieder eine entscheidende Rolle, wenn es zum Beispiel um Übungen unter Einbeziehung des Mingmen (Tor der Vitalität), des Renmai (Konzeptionsgefäß) oder des Dumai (Lenker– oder Gouverneurs–Gefäß) geht. Insofern ist in unserem Fall die Arbeit mit dem Thema Essenz in den drei Aufgabenbereichen enthalten. Wir diskutieren diesen Teil hier nicht gesondert, da für die aktuellen Zwecke die von uns bevorzugte Dreiteilung Körper, Qi und Shen dienlicher ist.

Erste Ebene der JING DAO-Meditation:
Achtsamkeit gegenüber der körperlichen Haltung

Der Körper (Shēn 身) ist für eine konsequente chinesische Herangehensweise immer der Ausgangspunkt des Übens. Das Äußere zeigt das Innere, ob man steht, sitzt, geht oder liegt. Der erfahrene Übende wird schon im Äußeren sehen, wie es im Inneren eines Menschen beschaffen ist. So findet sich auch in der Meditation die Weisheit der klassischen Chinesischen Medizin wieder. Über einen meiner verehrten Ärzte, Prof. Wu Bo Ping aus Hangzhou (China), wurde mir berichtet, dass er die ersten Kräuter schon notierte, wenn ein Patient den Raum betrat.[72] Es scheint so, dass es immer mehr Richtungen der Meditation gibt, die den Körper nicht mehr ernsthaft thematisieren. Es scheint vielen Übenden zu langwierig und zu anstrengend. Allerdings ist dieser Weg absolut notwendig! Dieses sieht auch der Zen-Meister Taisen Deshimaro so. Auch für ihn „ist die Haltung das Wichtigste, am Anfang wie am Ende, denn unser ganzes Wesen in seiner Totalität liegt in ihr".[73] Es ist dies eine alte Forderung: Sitze kerzengerade!

Das erste Ziel ist demnach eine symmetrische, wirklich aufrechte und schmerzfreie Haltung. Generell gilt, dass man mit einer zunehmenden Entspannung des Muskeltonus (vor allem Nacken, Rücken, Beine) einen besseren Qi-Fluss ermöglicht. Jede Spannung verhindert einen freien Qi-Fluss und ist eine mögliche Krankheitsursache. Die Achtsamkeit gegenüber der Haltung wird eine maximale Entspannung des Körpers ermöglichen. Dabei gibt es bestimmte Eckpfeiler, die hier kurz genannt sein sollen:

Übersicht 16: Die körperliche Haltung bei der JING DAO-Meditation

- Generell streben wir in der sitzenden Meditationshaltung eine Pyramidenform an. Die äußeren Eckpunkte sind Knie, Ellenbogen und Scheitelpunkt (Bai Hui, Dumai 20). Die Kraft der Pyramidenform zu nutzen, ist eine kulturübergreifende Methode der Energiesammlung.

- Grundsätzlich gilt das Gebot der Schmerzfreiheit. Im JING DAO geht man beim Üben davon aus, dass sich Haltungen auch entwickeln und man dafür trainieren muss. Es wird erwartet, dass man von Zeit zu Zeit den Schwierigkeitsgrad erhöhen sollte, um zu neuen Haltungen zu gelangen. „Bequem" zu sitzen, kann auch nur eine subjektive Wahrnehmung eigener Unzulänglichkeit sein.

- Nacken/Kopfhaltung: Kinn leicht angezogen, Stirn nicht nach unten oder oben kippen, Kopf also gerade, der imaginäre Blick geht horizontal, die verlängerte Nasenlinie zielt dabei oft etwa einen Meter vor uns auf den Boden.

- Augen: langsames Schließen und Öffnen. Bei Müdigkeit sind offene Augen zu empfehlen. Eine weitere Möglichkeit sind leicht offene Augen. Geschlossene Augen sind beim intensiven Üben wichtig.[74]

- Schultern: gleiche Höhe rechts und links, nicht zu weit nach vorn oder hinten. Die Schultern sind in allen Übungssystemen der Chinesen niemals nach oben gezogen, sondern immer locker und entspannt.

- Arme/Hände: die Arme nie zu dicht an den Körper. Achselhöhlen frei!

- Hände: Über die Handhaltung denkt jede Schule etwas anders nach, es gibt verschiedene Haltungen, die man einfach ausprobieren kann. So ist es möglich, selber Erfahrungen zu sammeln und sich den Sinn einzelner Techniken zu erschließen. Es ist z.B. weit verbreitet, die Handflächen ineinander zu legen und Daumenkuppen in etwa auf Höhe des Dan Tians zueinander zu führen; andere legen die Handflächen nach unten auf die Knie bzw. Oberschenkel oder sie legen die Hände mit den Hand-flächen nach oben zeigend eben dorthin.

- Rücken/Wirbelsäule: Gerader Rücken! Kein Durchsinken im Lenden-wirbelsäulen-Bereich, keinen Buckel und kein Hohlkreuz.

- Gesäß: Das Gewicht auf beide Gesäßhälften verteilen! Nicht auf die Knie „fallen"! Man sitzt je nach Fähigkeit und Trainingsstand auf einem Kissen oder Hocker bzw. auf der Erde. Man lässt das Steißbein sinken, wodurch sich der Dammpunkt Hui Yin und der Schädelkronenpunkt Bai Hui übereinander befinden.

- Beine: Der Schneidersitz ist maximal eine vorbereitende Meditations-haltung. Am besten ist es, die Beine voreinander abzulegen („leichte oder perfekte" Haltung für Anfänger). Ist man besser gedehnt, legt man einen Fuß auf einen Unterschenkel (Viertellotus), ein Fuß auf den anderen Oberschenkel (Halblotus) oder man legt beide Füße verschränkt auf die Oberschenkel (Lotus).

- Füße: Die Füße sollten demzufolge perspektivisch mit den Fußsohlen nach oben zeigen.

- Knie: Schwebende Knie sind zu vermeiden! In der leichten Haltung berührt man eher mit der Muskulatur der Schienbeine den Boden, so dass die Knie quasi den Boden gar nicht berühren. Manche sitzen auch auf einem Hocker und haben die Knie rechts und links daneben zum Boden gelegt. Noch einmal: kein Gewicht auf den Knien, sondern auf dem Gesäß.

- Nach der Meditation: Immer langsam aufstehen! Oft kommt es zu eingeschlafenen Füßen oder tauben Beinen; dann nicht zu lange üben bzw. die Haltung der Füße wechseln. Es empfiehlt sich, am Ende der Sitzung eine Massage und eine Dehnung anzuschließen. Rücken und Beine sollten dabei im Mittelpunkt stehen (mindestens 5 bis 10 Minuten). Rennen und Springen sollten etwa für dreißig Minuten vermieden werden. Im Anschluss sollte man eher Qigong oder Taiji trainieren.

Falsches Sitzen im Hohlkreuz

Falsches Sitzen mit Buckel

Richtig: Der silberne Faden!

Es gibt nahezu bei allen Menschen muskuläre Dysbalancen, also ungleich ausgebildete bzw. trainierte Muskeln, insofern also verstärkte Muskelverkürzungen und/oder Muskelabschwächungen, begründet vor allem durch einseitige oder monotone Haltungen. Dies gilt es wahrzunehmen, zu erkennen und nach und nach zu bearbeiten. Viele Tätigkeiten zwingen den Körper geradezu in ungesunde Körperhaltungen, wodurch es oftmals zu gestörten Muskel-Gelenkverhältnissen kommen kann.

Dadurch können wiederkehrende oder dauerhafte Verspannungen, Haltungsschäden und sogar Schmerzen entstehen. Wer meint, das Sitzen in der Meditation sei kinderleicht, der irrt. Der Meditierende sollte sich zunächst einem angeleiteten Training der aufrechten Haltung stellen. Erfahrungsgemäß muss man hier insbesondere die häufig verkürzte Rückenmuskulatur und die oft geschwächte Bauchmuskulatur thematisieren. Schafft man zunächst zehn, fünfzehn Minuten, so ist die angestrebte halbe oder ganze Stunde schmerzfreien gesunden Sitzens sicher eine lohnende Aufgabe. Geduld ist der wichtigste Begleiter für dieses Üben. Nur eine entspannte Körperhaltung gestattet eine entspannte Atmung und einen entspannten Geist. Die gesuchte Harmonie zwischen Körper, Atmung und Geist findet in der richtigen Körperhaltung ihren Ausgangspunkt und die absolute Basis. Es ist demnach nicht zwingend nötig, aufwendige Rituale, Räucherzeremonien oder ähnliches zu betreiben. Man kann sich einfach unter Anleitung eines erfahrenen Lehrers einen ruhigen, sauberen und friedlichen Ort suchen oder gestalten und mit dem täglichen Üben einer gesunden Haltung beginnen. Im Übrigen habe ich in Jahrzehnten des Unterrichtens gelernt, dass auch Kinder gerne meditieren, wenn man sich auf sie wirklich einlässt.[55]

Zweite Ebene der JING DAO-Meditation:

Achtsamkeit gegenüber der Atmung (Qi-Ebene)

Die Atmung ist die uns stetig und immer zur Verfügung stehende, „nachhimmlische"
Ressource der Energiegewinnung. Sie stellt die Verbindung zwischen Körper und Geist
her. Es gibt heute auch im Westen viele Autoren, die diese Kraftquelle thematisieren.
Sowohl in der Atemtherapie als auch in Entspannungstechniken wird immer mehr die
zentrale Funktion der Atmung verdeutlicht. So sind auch im Westen zunehmend regelrechte Atemschulen entstanden, die verschiedene Atem-Techniken zum Teil sogar
als sogenannte Atem-Therapie anbieten, etwa die salutogenetische Weise nach Prof.
Ilse Middendorf.[75]

Im Qigong kennen wir verschiedene Arten der Atmung. Die wichtigste Methode ist die
sogenannte „natürliche Atmung". Damit ist das Ein- und Ausatmen durch die Nase
gemeint. Die Nase hat beim Atmen eine reinigende, befeuchtende und erwärmende
Funktion. Zwischen der Ausatmung und der erneuten Einatmung liegt die Atempause.
Das Einatmen ist ein aktiver Prozess des Körpers, womit die Kontraktion des Zwerchfells gemeint ist. Das ermöglicht die Trainierbarkeit der Atmung. Oft wird diskutiert,
dass im Daoismus beim Einatmen der Unterbauch eingezogen wird; wobei dies noch
durch ein Anziehen der Muskulatur um den After unterstützt werden kann. Im Buddhismus ist es zum Teil umgekehrt. Es gibt auch kraftvolle Atemvarianten wie im japanischen Ibuki (forcierte, sonore Ausatmung) oder Nogare (forcierte und sonore
Einatmung).

Übersicht 17: Grundsätze der Atmung

- Der Atem soll immer ruhig und langsam sein.

- Die Ausatmung dauert länger als die Einatmung. Diese verlängerte
  Ausatmung kann ein lohnendes Übungsziel darstellen. Ein untrainierter
  Mensch hat eine Atemdauer zwischen 3-7 Sekunden. Bei etwas
  Training ist eine Atemdauer von 30 Sekunden ein normales Ziel des Übens.
  Es ist leicht einsehbar, dass die Beruhigung und Verlängerung des Atems
  eine klare Stressreduktion für den gesamten Organismus darstellen kann.
  Man spricht hier oft von der angestrebten Dauer von etwa 2 Minuten; die
  viel besprochene daoistische Schildkröten-Atmung soll angeblich auf eine
  Atemdauer von bis zu 8 Minuten ausgerichtet sein.

- Der Atem soll unhörbar mühelos hinein- und hinausströmen.

- Den Atem soll man nicht zwingen; d.h. dass man nicht presst, düst,
  anhält oder ähnliches.

- Die Atmung bewegt den Brustkorb und vor allem auch den Bauchraum.

- Beim Einatmen erweitern sich die Lungenflügel und es hebt sich die
  Bauchdecke (durch Kontraktion des Zwerchfells bei gleichzeitiger
  Entspannung der Bauchmuskulatur).

- Der Atem soll möglichst bis tief in den Bauch gespürt werden, was bedeutet,
  dass die Organe des Bauchraumes komprimiert werden und die Lungenka-
  pazität auf diese Weise optimaler ausgenutzt werden kann. Je flacher der
  Atemzug, zum Beispiel bei der Brust- oder Schlüsselbeinatmung, desto
  weniger tief und insofern weniger entspannend wirkt die Atmung.

- Die natürliche Atmung vereint immer Bauch- und Brustatmung.
  Sobald diese Einheit gestört ist, handelt es sich um eine wenig
  optimale bzw. sogar problematische Situation.

- Übungsmöglichkeit: Spüren Sie regelmäßig die Atembewegungen ihres
  Körpers durch Auflegen der Handflächen für etwa vier bis acht Atemzüge auf:

  - der Bauchmitte,

  - dem Oberbauch (Leber, Milz),

  - der Rippenkante und dem Brustkorb,

  - den Flanken,

  - dem unteren Rücken, vor allem der Nierengegend.

Natürlich gibt es weitere sehr verschiedene Atemtechniken, wie zum Beispiel:

- Qi-Atmung: Hiermit ist die Atmung gemeint, bei der man durch die Nase ein und durch den Mund ausatmet. Diese Atmung unterstützt oder ermöglicht große Kraftanstrengungen und wird vor allem auch in den Kampfkünsten angewendet. Auch bei Übenden, die zu Kopfschmerz neigen und eher eine Schwäche-Konstitution aufweisen, kann diese Atmung helfen. Selbst bei Qigong-Systemen im medizinischen Sinne wendet man diese Atmung an.

- Wind-Atmung: Bei dieser Technik atmet man ein- bis dreimal hintereinander ein und erst dann langsam mit Absenkung der Bauchdecke wieder aus. Wir finden diese Technik in einigen medizinischen Qigong-Systemen wieder.

- Zur inversen oder paradoxen Atmung: Diese Atemtechnik bezeichnet eine Bewegungsbeziehung zwischen Thorax und Abdomen, die umgekehrt zur normalen Atmung erscheint. Es handelt sich um die Einziehung des Thorax bei gleichzeitiger Ausdehnung des Abdomens während der Einatmung (sowie umgekehrt während der Ausatmung). Schulmedizinisch handelt es sich eher um eine Notfallsituation aufgrund einer Ventilationsinsuffizienz (Thoraxinstabilität, Zwerchfell-Lähmung oder Einziehungen bei vermehrter Atemarbeit) und ist insofern Ausdruck einer Atemstörung bzw. eines lebensbedrohlichen Zustandes. Allen, die sich dieser Technik bedienen, wie zum Beispiel einige Meditations- oder auch Pilatesschulen, empfehle ich, diese Technik zu prüfen und zu überdenken.[76]

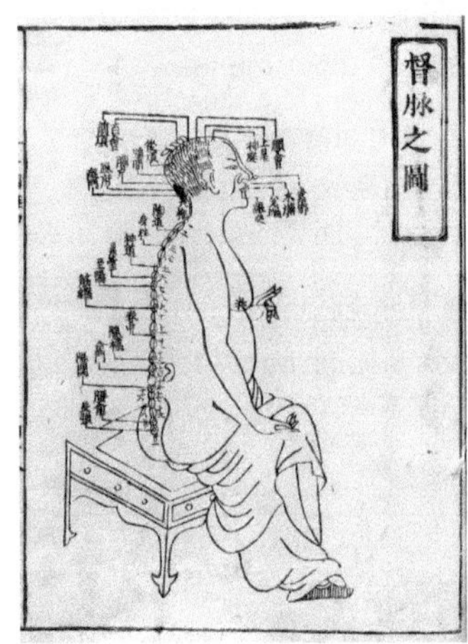

Antike Darstellung des Dumai

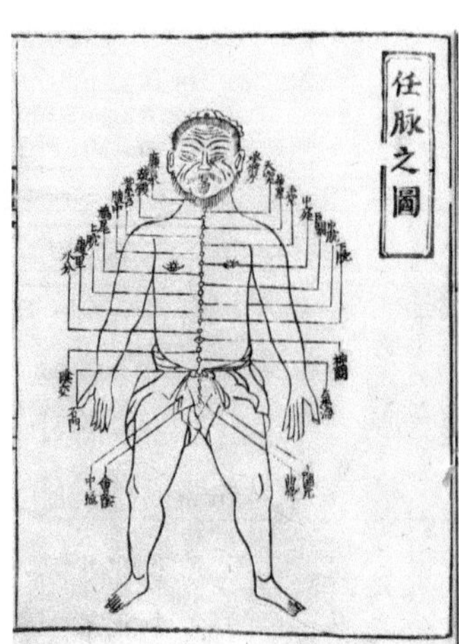

Antike Darstellung des Renmai

Exkurs: Der Kleine Kreislauf

In der Qi-Ebene ist der „Kleine Kreislauf" (Xiǎo Zhōu Tiān, 小周天) eine wichtige Übung.
Der „Kleine Kreislauf" zählt zu den grundlegenden und ältesten Techniken der daoistischen Meditation bzw. des inneren, stillen Qigong (Jìng Gōng, 靜功). Sie wurde unter
anderem durch das Nei Jing Tu (Nèi Jìng Tú, 內徑圖) begründet, der „Karte der inneren
Landschaften oder des inneren Gewebes".[77] In meinem Besitz befindet sich eine Rolltafel, die ich im „Kloster der weißen Wolken" (Bai Yun Guan) bei Peking erworben habe.
Die antike Original-Steinplatte wird in eben diesem Kloster aufbewahrt.

Der „Kleine Kreislauf" oder auch das „Kreisen des Lichts"[78] ist im Grunde eine Qigong-
Übung im Renmai und Dumai. Der Renmai (Rèn Mài, 任脈, Diener- oder Konzeptions-
Gefäß) gilt als „Meer des Yin" und beherrscht alle Yin-Leitbahnen. Diese Leitbahn ist
besonders für die Funktionen der Reproduktion, der Atmung und des vegetativen Nervensystems verantwortlich. Der Dumai (Dū Mài,督脈, Lenker- oder Gouverneur-Gefäß)
gilt als das „Meer des Yang" und verbindet alle Yang-Leitbahnen. Er ist vor allem für
die Energie des Gehirns, der Wirbelsäule und des zentralen Nervensystems verantwortlich. Da diese Leitbahnen zu allen anderen Meridianen Verbindung haben, stellen
sie eine Steuerungszentrale für den gesamten Qi-Fluss des Organismus dar. Durch
diese Qigong-Übung soll nach dieser Vorstellung der Qi-Fluss aller Kanäle kultiviert
werden.

Die Grundlage dafür ist die chinesische Vorstellung, wonach der Geist das Qi lenkt.
Sie wird von den Daoisten seit langer Zeit vor allem im Sitzen ausgeführt, wobei die
aufrechte und symmetrische Haltung eine sehr wichtige Rolle spielt. Es gibt verschiedene Traditionen und Übungsbeschreibungen dazu, wie bei allen alten Systemen. Allen
Systemen ist eigen, dass man den Qi-Fluß über die wichtigsten Energiezentren des
Renmai und Dumai lenkt. Die Zungenspitze wird dabei hinter die oberen Schneidezähne an den Gaumen gelegt, womit die Brücke zwischen Renmai und Dumai geschlossen wird; also die sogenannte „Elsternbrücke". Der Kreislauf beginnt und endet
im unteren Dan Tian. Das Hauptmittel ist die Konzentration (Yi Shou) auf die entsprechenden Energiezentren. Das eröffnet die Möglichkeit, das Qi in den jeweiligen Körperbereich zu lenken bzw. es dort zu spüren. Diese Übung kann Körper, Atmung und
Geist entspannen, erfrischen und den Qi-Fluss kultivieren, wodurch sich auch die Emotionen beruhigen. Die Erweiterung ist dann der „Große Kreislauf".

Übersicht 18: Wichtige Stationen des Kleinen Kreislaufs

- Xia Dantian (Unteres Dantian), auf der Höhe von Qi Hai/Renmai 6.

- Ovar- (Guan Yuan)/Samen-Palast (Jing Gong),
  etwa eine Handbreit unter dem Nabel.

- Dammpunkt (Hui Yin), Renmai 1, Tor des Lebens und des Todes.

- Steißbeinpunkt (Chang Qiang), „lang und stark",
  Dumai 1 oder Wei Lü, „das Schwanz-Tor".

- Ming Men, Lebenstor oder Tor der Vitalität,
  Dumai 4, auf der Wirbelsäule zwischen den Dornfortsätzen
  des 2. und 3. Wirbels, dem Nabel gegenüberliegend.

- Chi Chung, zwischen den Nebennieren, dem Solarplexus
  gegenüber liegender Punkt.

- Da Zhui, Großer Wirbelpunkt, Dumai 14, Übergang Brust-Halswirbelsäule.

- Jadekissen, Fläche am unteren Hinterkopf im Umfeld der Yu Zhen-Punkte.

- Bai Hui, Scheitelpunkt, Himmelstor, Hundertfacher Sammler, Dumai 20.

- Shang Dantian, Yin Tang, („Siegelhalle"), Extrapunkt zwischen den Augen,
  das sogenannte dritte Auge.

- Zhong Dantian, Herzhöhe in Brustmitte, auch Ren Zhong,
  die Mitte des Menschen, auch Shui Gou oder Herznest (Xin Wo).

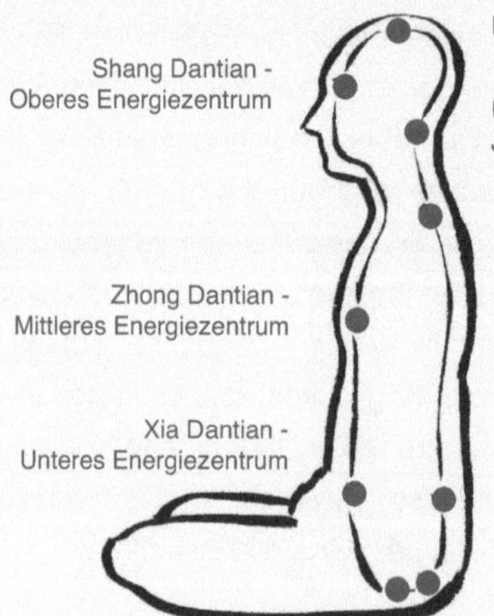

Dritte Ebene der JING DAO-Meditation:
Achtsamkeit gegenüber dem Geist

Die meisten Menschen, die meditieren wollen, versprechen sich davon eine Beruhigung des Geistes (Shén, 神) und umfassende Entspannung. Die Unruhe des Geistes und die uns ständig durch den Kopf rasenden Gedanken an alles Mögliche sind offensichtlich schon seit Jahrtausenden bekannte Phänomene. In antiken Schriften zu diesem Thema wird dafür der Begriff „Horde der wilden Affen" verwendet. Auch einige Taiji-Bilder haben diese Bezeichnung, interessanter Weise oft bei Bewegungen mit Schritten nach hinten.

Diese ständigen Ablenkungen mindern die Konzentrationsfähigkeit des Geistes. Die erste Aufgabe in der Shen-Ebene ist zunächst wieder die Beobachtung. Es gilt, das eigene Dasein im Denken und Fühlen zu beobachten, zu erkennen und zu durchdringen. Erst das führt zum sogenannten „wahren Denken": „Wenn deine Gedanken versiegen und du frei von Konzepten bist, dann hast du das wahre Denken verwirklicht. Wahres Denken ist wahre Leere. Das Reich der wahren Leere ist der Stufenweg der Transzendenz, der die Stadt der Dunkelheit hinter sich lässt und den Hof der Wirklichkeit betritt."[79]

Das ist kein Lösen vom Wirklichen. Das Sein im „Hier und Jetzt" ist eine wesentliche Aufgabe der Meditation. Insofern ist Meditation keine Seelenmassage. Man stellt sich konsequent auch dem eigenen Charakter, seinen Neigungen, Wünschen und Süchten. Die Erkenntnis seiner selbst kann durch Meditation auf eine sehr hohe Stufe gehoben werden. Zu den größten und schon sehr alten Problemen des Menschen gehören die Begierden und das Besitzstreben. Die Welt der Begehrlichkeiten und Äußerlichkeiten ist eine, die uns stetig lockt. Es muss dabei nicht immer um Reichtum, Ruhm, Anerkennung und Ehre gehen. Auch die Bindung an andere Menschen kann in die Irre führen. Bei den alten Meistern wird immer wieder betont, das man das Haften an Dingen mit seinem Ich aufgeben solle, um wahrhaftig zu leben. Hat man herausgefunden, woran der Geist stetig haftet, so versucht man, sich davon freizumachen.

Wu Wei – Handeln im Nichthandeln

„Also auch der Berufene:
Er verweilt im Wirken ohne Handeln.“
Laotse[80]

Daoistische Meditation ist verbunden mit dem Wu Wei-Konzept der Chinesen und gehört in die Ebene des Geistes. Wu Wei (無爲/无为, wúwéi) wird meist mit „Handeln durch Nicht-Handeln“ oder mit „Kunst durch Nichthandeln“ übersetzt. Das ist für uns oft nicht einfach zu verstehen und hat schon zu vielen Missverständnissen geführt. Daoisten wurden dargestellt als zurückgezogene Einsiedler, als Kritiker alles Modernen und Pragmatischen, als Abseitsstehende, die sich nicht in den Alltag einmischen. Das ist eine starke Verkürzung und Verzerrung des Wu Wei-Konzeptes. Daoisten gehen davon aus, dass alles auf der Welt miteinander verbunden ist und durch stetige Wandlung gekennzeichnet ist. Es wäre sinnlos, etwas festhalten zu wollen, sich an Ämter oder Besitz zu klammern. Zufall gibt es letztendlich nicht. Alles folgt kosmischen Gesetzen, für die man offensichtlich durch stetige Übung, Kultivierung des eigenen Lebens, durch stetiges Üben von Qigong und vor allem durch tägliche Meditation eine Intuition erarbeiten kann. Im Daodejing wird in dieser Hinsicht vom „Edlen Menschen“ gesprochen, der sich nicht von Gefühlen ablenken lässt. Gedanken sollen dabei nicht ausgeschaltet werden, sondern vielmehr ihren zugehörigen Platz bekommen und nicht fortwährend das absolute Leben im Hier und Jetzt behindern. Die Gegenwart erfordert unsere absolute Präsenz. Insofern ist Wu Wei kein Abwenden von der Gegenwart, sondern eine absolute Hinwendung zum tatsächlichen Sein. Dies meint letztlich das Leben entsprechend den Gesetzen der Natur. Man lernt anders zu leben, wenn man sich Zeit nimmt für all jene Prozesse, die uns wirklich mit der Natur verbinden.

Skepsis gegenüber den Sinnen

Die daoistische Meditation ist eng verbunden mit der Skepsis gegenüber den Sinnen. Zwar ist uns die Welt über die Sinne gegeben, aber die Gefahr sich zu verlieren, ist offensichtlich seit Jahrtausenden bekannt. Insofern bietet die Übung der Stille eine Alternative und ist zudem verbunden mit dem Konzept der Fünf Wandlungsphasen der klassischen Chinesischen Medizin: „Die Ruhe der Ohren lässt die Essenz in den Nieren ruhen. Die Ruhe der Augen lässt Hun, die Wanderseele, in der Leber ruhen. Die Ruhe der Stimme lässt den Geist im Herzen ruhen. Die Ruhe der Nase, frei von herausragenden Gerüchen, lässt die Körperseele in den Lungen ruhen. Die Ruhe in den Gedanken löst alle Trennung auf und lässt die Emotionen in der Milz ruhen.“[81]

Es gibt ein sehr schönes Zitat von Liä Dsi über diese Leere: „Es sagte jemand zu Meister Liä Dsi: 'Wie kann der Meister die Leere so hochschätzen!' Liä Dsi sprach: 'Die Leere braucht keine Hochschätzung. Es kommt nicht auf den Namen an. Nichts kommt der Stille, nichts der Leere gleich. Durch Stille, durch Leere findet man die Heimat, durch Nehmen und Geben verliert man seinen Ort. Wenn eine Sache verdorben und zerstört ist, und man fuchtelt nachher herum mit Liebe und Pflicht, so kann man sie nicht wieder gut machen.'"[82]

Das Ziel der Meditation ist ein Zustand des Nicht-Denkens, ein sich Einfügen in die Urkräfte des kosmischen Systems. Wir können uns dieser Einbindung in universelle Gesetze nicht entziehen. Unsere Natur bettet uns ein in Prozesse, die wir nicht bestimmen, sondern nutzen können. Der daoistische Weise Liä Dsi sagte: „Wer der Natur spotten will, muss die Folgen tragen."[83] Insofern ist diese Meditation kein religiöser Glaube. Vielmehr kann Meditation ein Weg sein, der jedem offensteht, natürlich und rein ist. Es ist ein Weg, sich eins zu wissen und zu fühlen mit den uns umgebenen natürlichen Schwingungen. Dieses nennen wir „Leben in Harmonie". Das ist kein Zustand, sondern ein stetig zu erarbeitender Prozess. Insofern kann auch Meditation dazu beitragen, diese Welt friedlicher zu gestalten.

DAO-Kindertraining

Für Kinder da zu sein, von ihnen zu lernen, sie zu unterrichten, gehört zu den schönsten und sinnvollsten Möglichkeiten des menschlichen Daseins. Aber es ist zugleich eine sehr schwere Aufgabe. Die in vielen Kampfsportvereinen übliche Praxis, dass fortgeschrittene Schüler die Kinder trainieren, indem sie den Meister einfach kopieren, sollte überdacht werden. Kindertrainings erfordern ein enormes Repertoire an Inhalten, Methoden und Mitteln, eine solide pädagogische Ausbildung sowie eine sportwissenschaftliche Grundbildung.[85]

Ich trainiere seit über dreißig Jahren nahezu ununterbrochen Kinder. Es gibt kaum eine Tätigkeit auf Erden, die so unendlich viel Freude bereitet. Und doch ist es jeden Tag eine Herausforderung. Bis heute schreibe ich für jedes einzelne Training einen Stundenplan, werte anschließend die Stunde aus und reagiere auf Unausgewogenes. Es gilt, in jeder Sekunde unendlich wachsam zu sein. Gerade unsere Kinder verdienen es, in einer vertrauensvollen, freundlichen und friedlichen Atmosphäre zu trainieren.

Kinder sind Suchende, Entdecker und kleine Philosophen. Sie haben das Staunen noch nicht verlernt und sind dankbar für jede Botschaft, die wirklich friedlich ist. Sie suchen Orientierung und benötigen Vorbilder; gerade und unbedingt in der Kampfkunst. Im Folgenden seien wichtige Aspekte skizziert.

Allgemeine Ziele des DAO-Kindertrainings

Das Hauptziel der Kindertrainings der DAO-Kampfkunstschule ist eine optimale, umfassende und vor allem gesunde Entwicklungsförderung von Kindern im Alter von 4 bis ca. 14 Jahren. Im Kindertraining sind bei uns die Fachbereiche Meditation, Qigong, Taiji und Wushu noch vereint. Die Kinder lernen:

- sich situationsgemäß sinnvoll zu verhalten,
- eigene Leistungen realistisch einzuschätzen,
- Leistungsgrenzen zu erkennen,
- sportliche Fähigkeiten umfassend zu entwickeln,
- niemanden zu gefährden,
- keine unnötigen Risiken einzugehen,
- sich selber kennen,
- sich zu behaupten und zu verteidigen,
- sich gesund zu ernähren,
- zentriert zu atmen
- und sich zu entspannen.

Es wird bei uns grundsätzlich in kleinen Gruppen gearbeitet. Dies gestattet dem Trainer, einen individuellen Bezug zu jedem Kind aufzubauen. Alle Inhalte werden altersentsprechend unterrichtet. Kampfkunst ist kein Kampfsport! Es geht nicht um Leistungen, die auf Siege im Wettkampf zielen, sondern um eine ganzheitliche und gesunde Entwicklung des Kindes mit den Mitteln der Kampfkunst.

Wichtige Bereiche der Förderung von Kindern im Kampfkunsttraining

Zu betonen sind die Entwicklung der Persönlichkeit sowie die sportliche und die kampfkunstspezifische Ebene. Folgende Punkte seien hervorgehoben:

- Entwicklung von gruppenkonformem Verhalten
  („Die Gruppe und Ich": Eingliederungsaspekt).

- Entwicklung von partnerschaftlichen Mustern
  (Zweierverhältnis: „Ich und der Andere").

- Entwicklung von Selbstbewusstsein, Selbstbehauptung
  (Wichtigkeit des „Ich und die Gruppe").

- Sprach- und Stimmförderung.

- Entwicklung von koordinativen Fähigkeiten:
  Orientierungsfähigkeit, Reaktionsfähigkeit, Gleichgewichtsfähigkeit,
  Rhythmusfähigkeit, Differenzierungsfähigkeit.

- Inhalte der muskulären Förderung sowie der Entwicklung des Band-
  und Stützapparates, Entwicklung von muskulären Fähigkeiten:
  Mein körperliches Ich kräftigen und dehnen.

- Entwicklung von Konfliktfähigkeit:
  Erkennen, Aushalten, Lösen = Schutz des Geistes.

- Entwicklung von Fähigkeiten
  zur Selbstverteidigung = Schutz des Körpers.

- Entwicklung von Fähigkeiten, sich zu entspannen = Schutz der Seele.

Diese Arbeit zeichnet sich durch eine Verschränkung von Methoden moderner Sportwissenschaft mit Methoden traditioneller und moderner Kampfkunst aus. Natürlich werden in einem professionellen Kampfkunsttraining auch die sportlichen Fähigkeiten entwickelt:

- Koordination,

- Kraft,

- Schnelligkeit,

- Ausdauer,

- Beweglichkeit,

- Dehnung.

Übersicht 19: Die fünf DAO-Rückenübungen

Für die Gesunderhaltung ist es in jedem Alter wichtig, den Körper regelmäßig zu dehnen. Nach Auffassung der klassischen Chinesischen Medizin zirkulieren Blut, Qi und Flüssigkeiten besser, wenn täglich gedehnt wird. Muskuläre Fehlbelastungen können zu Dysbalancen, Haltungsschwächen und -fehlern sowie in der Folge zu Schmerzen führen. Regelmäßiges Dehnen kann diese Schmerzen minimieren oder beenden. Es erhöht die Beweglichkeit. Insofern kann Dehnung auch als aktive Gesundheitsprophylaxe begriffen werden. Im Folgenden stelle ich die wichtigsten Übungen für einen gesunden Rücken vor, die sich in den Jahrzehnten des Trainings bewährt haben. Zu den Risiken des Übens befragen Sie immer vorher Ihren Arzt, Trainer oder Therapeuten, insbesondere wenn Sie bereits Rückenprobleme haben.

Wichtige Grundregeln:

- Kein Schmerz in den Gelenken!

- Keine Impulsdehnung, also kein dynamisches Dehnen!

- Langsam üben und einige Zeit (4-8 Atemzüge) in der jeweiligen Endposition verbleiben!

- Nicht bei Kälte oder im Zugwind dehnen!

- Bitte nach dem Üben langsam aufstehen!

1. Nach vorne beugen, Unterarme ablegen.

2.a) Nach rechts beugen, Unterarme ablegen.

2.b) Nach links beugen, Unterarme ablegen.

3. Den Oberkörper heben – die Kobra.

4. Den Rücken stärken.

5. Den Rücken strecken.

Pädagogische Grundsätze der DAO-Kampfkunstschule

Grundsätzlich muss eine zutiefst positive und wohlwollende Haltung gegenüber allen Schülern, vor allem den Kindern gegenüber, vorhanden sein. Wer in der Arbeit mit Kindern keinen Spaß empfindet, wer sich an den Fortschritten der Kinder, unabhängig von ihrem jeweiligen Talent, nicht erfreuen kann, der sollte sein Vorhaben aufgeben. Im Kindertraining sollten mindestens folgende Grundsätze eine Rolle spielen:

Übersicht 20: Pädagogische Grundsätze des Kindertrainings

1. Grundsatz der individuellen Förderung bzw. Hilfe.

2. Grundsatz der selbstbestimmten Leistungsgrenze (Motivation statt Zwang).

3. Grundsatz der leistungsunabhängigen Förderung
   (keine Medaillen, Wettkämpfe, Shows).

4. Grundsatz der Aktivierung aller Kinder
   (Partner-, Gruppenarbeit, keine Lieblinge und Außenseiter).

5. Grundsatz der langen Übungsphasen, -zyklen (Zeit zum tatsächlichen Üben).

6. Grundsatz der nötigen und diskreten Fehlerkorrektur.

7. Grundsatz der individuellen Leistungsbewertung (positive Verstärkung).

8. Grundsatz des Aufgreifens von Anregungen der Kinder.

Im Bereich der Arbeit mit Kindern haben viele Pädagogen Großartiges geleistet. So hat zum Beispiel die Ärztin und Pädagogin Maria Montessori (1870-1952) Theorien entwickelt, die das Kind ernst nehmen, die Funktion des Erziehers betonen und die sich auch für sehr schwieriges Klientel hervorragend eignen.[86] Ihre Auffassungen können auch im Kampfkunsttraining sehr unterstützend sein. So sind zum Beispiel folgende Ansätze sehr wichtig:

- die sensiblen Entwicklungsphasen des Kindes,

- das Kind als Baumeister seiner selbst,

- die vorbereitete Lernumgebung.

Besonders wichtig sind folgende Aussagen von Maria Montessori:

> *„Hilf mir, es selbst zu tun. Zeige mir, wie es geht.*
> *Tu es nicht für mich. Ich kann und will es allein tun.*
> *Hab Geduld, meine Wege zu begreifen.*
> *Sie sind vielleicht länger, vielleicht brauche ich mehr Zeit,*
> *weil ich mehrere Versuche machen will.*
> *Mute mir Fehler und Anstrengung zu,*
> *denn daraus kann ich lernen."* [87]

Kampfkunsttrainer sollten in ihrer Ausbildung ein solides pädagogisches Grundwissen vermittelt bekommen.

Besonderheiten des Trainings mit Kindern

Trainiert wird im Alterssegment zwischen 4 und 7 Jahren grundsätzlich spielerisch. Dabei üben die Kinder zum Beispiel Rollen, Laufen, Springen, Drehungen und Ganzkörperstreckungen. Tierübungen aus China nehmen hier eine herausragende Stellung ein (Affe, Tiger, Schildkröte, Kranich, Drache etc.). Es wird darauf geachtet, dass die Kinder eine umfassende und symmetrische Förderung erhalten.

Der Band- und Stützapparat wird geschont und nur sanft angesprochen. Die Muskulatur wird quasi „nebenbei" entwickelt. Es wird mit Kindern im Vorschulalter kein Krafttraining absolviert! Dafür kommt es relativ schnell zum Übungswechsel, so dass das Kind keine Überlastung durch monotones Arbeiten in nur einem Muskelbereich erfährt. Wer kleine Kinder trainiert, sollte ein großes Repertoire an Übungen vorhalten und stets bereit sein, schnell in eine neue Technik zu wechseln, um das jeweilige Trainingsziel zu erreichen.

Kinder zwischen 8 und 14 Jahren erlernen Basistechniken, die zugleich einen Zugang zu grundsätzlichen Prinzipien der Kampfkunst darstellen. Hier geht es im Wesen darum zu lernen, sich nicht gegen eine Angriffsenergie zu stellen, sondern diese zur Verteidigung zu nutzen. Zugleich lernen sie, einem Angriff angemessen zu begegnen. Im Sinne des Taiji zielen diese Techniken auf das Neutralisieren eines Angriffs.

Zugleich wird die Reaktionsgeschwindigkeit des Kindes geschult. Zwar werden die Grundlagen des Freikampfes auch bei uns unterrichtet. Wettkämpfe und Shows aber gibt es genauso wenig wie die sonst so unentbehrlichen Gürtelfarben. Graduierungen und Prüfungen finden nur selten statt und spielen im Training quasi keine Rolle.

Arbeitsinhalte in den Themenbereichen Konfliktlösung und Selbstverteidigung

Das Kind lernt durch diese Inhalte vor allem Konflikte, Gewalt- und Aggressionssituationen sowie entsprechende Gefühle bei sich und anderen wahrzunehmen, zu verstehen und sinnvoll zu lösen. Gefahrensituationen sollen rechtzeitig erkannt werden.

Übersicht 21: Praktische Trainingsinhalte der Selbstverteidigung

- Verhalten bei Hänseleien und Ausgrenzungen,

- Verhalten beim Schubsen und Anrempeln,

- Verhalten beim Rollen und Fallen,

- Verhalten bei Umklammerungen,

- Verhalten bei Schlägen und Tritten,

- Verhalten bei Würgeangriffen,

- Verhalten bei Angriffen am Boden,

- Verhalten gegenüber mehreren Gegnern,

- Verhalten bei Waffenangriffen und Alltagswaffen.

Exkurs: Wu De – Die Tugend eines Kampfkünstlers

Kampfkünstler zeichnen sich typischer Weise durch bestimmte Eigenschaften aus, welche durch das Training befördert und entwickelt werden. In China gibt es für die Kampfkunsttugend den Begriff Wǔ Dé (武德), die den Kämpfer auszeichnen sollte: „Der 'Tugendkatalog' für die Kampfkünste (Wushu) nennt die konfuzianischen Kardinaltugenden und fügt ihnen den für den Kampf unerlässlichen Mut hinzu:

- Ren: Mitmenschlichkeit, Liebe und Nächstenliebe,

- Yi: Rechtschaffenheit, Gerechtigkeit, Urteilen mit dem Herzen,

- Li: Ritual, Umgangsformen, Respekt, Höflichkeit,

- Zhi: Wissen, Verstand, Bildung und Weiterbildung,

- Xin: Vertrauen, Ehrlichkeit und Offenheit, aufrichtiger Glaube, Halten von Versprechen, Standfestigkeit und Einsatzbereitschaft,

- Yong: Mut, Tapferkeit und Einstehen für eine Sache.
  (...) Dies wird durch den Spruch 'Xue quan yi wude wei xian' ausgedrückt: Beim Üben der Faust lerne man zuerst die Tugend der Kampfkunst."[88]

Eine weitere sehr bekannte Tugend-Version stammt aus dem Bushidō (武士道), was übersetzt in etwa „Weg des Kriegers" bedeutet und den Verhaltenskodex der japanischen Samurai bezeichnet. Man unterscheidet in dieser Tradition sieben Tugenden:

1. Gi (義): Aufrichtigkeit und Gerechtigkeit.

2. Yu (勇): Mut.

3. Jin (仁): Güte.

4. Rei (礼): Höflichkeit.

5. Makoto (誠) oder Shin (真): Wahrheit und Wahrhaftigkeit.

6. Meiyo (名誉): Ehre.

7. Chūgi (忠義): Treue [oder auch Chū (忠): Pflicht und Loyalität].

Übersicht 22: Die Tugenden der DAO-Kampfkunst

In der Praxis der DAO-Kampfkunst betonen wir vor allem drei für das Training zwingend notwendige Eigenschaften:

1.   Wille,

2.   Geduld,

3.   Heiterkeit, im Sinne umfassender Lebensbejahung.

Der Wille, diesen Weg konsequent zu gehen, und die Geduld, ihn auch in den Mühen der Ebene auszuhalten, sind für Kampfkünstler recht vertraute Tugenden. Doch was meint Heiterkeit? Es sei hier gestattet, Hermann Hesse zu zitieren, der sich umfassend mit den Traditionen Indiens und Chinas auseinandergesetzt hat. Das geschah insbesondere im „Siddhartha " (1922), in „Narziß und Goldmund" (1930) sowie im „Glasperlenspiel" (1943). Hesse hat den Begriff „Heiterkeit" sehr gut beschrieben:

> *„Heiterkeit ist weder Tändelei noch Selbstgefälligkeit,*
> *sie ist höchste Erkenntnis und Liebe,*
> *ist Bejahen aller Wirklichkeit,*
> *Wachsein am Rand aller Tiefen und Abgründe.*
> *Sie ist das Geheimnis des Schönen*
> *und die eigentliche Substanz jeder Kunst. "*[89]

Zudem spielen weitere traditionelle Kampfkunst-Tugenden bei uns ebenfalls eine große Rolle:

•   Bescheidenheit und Demut,

•   Achtung und Respekt,

•   Durchsetzungsvermögen,

•   Mut und Ausdauer.

Oft kommen Eltern zu mir und berichten, ihr Kind hätte zum Beispiel eine Zimmertür eingetreten. Sie sind schockiert über dieses aggressive Verhalten und haben Bedenken, ihr Kind am Kampfkunstunterricht teilnehmen zu lassen. Sie befürchten, dadurch würden solche Verhaltensweisen noch befördert.

Dazu ist einerseits festzustellen, dass Menschen, die sich ernsthaft mit Kampfkunst beschäftigen, eher sehr selten aggressiv werden und auch weniger in Gewaltsituationen geraten. Sie lernen durch stetiges Üben, Gewaltsituationen bereits in der Entstehung zu erkennen und eine Eskalation zu vermeiden. Andererseits sind Ärger und Wut Gefühlslagen, die jeder Mensch kennt. Man kann sie sich weg wünschen oder man kann versuchen, sie zu unterdrücken. Besser ist es, sich diesen Emotionen zu stellen, sie zu verstehen und deren Ursachen zu beseitigen.

Die chinesische Medizin arbeitet hier mit der schon seit der Antike bekannten Theorie des Kreislaufs der Emotionen. Der Ärger ist demzufolge eine wichtige Emotion, die der Wandlungsphase Holz, also dem Funktionskreis Leber-Galle, zugeordnet ist. Nur wenn man nicht im Ärger oder in der Wut stagniert, ist man in der Lage, die nächstfolgende Emotion zu empfinden. Das ist die Freude. Diese ist der Wandlungsphase Feuer, also Herz-Dünndarm, zugeordnet.

Letztendlich ist man immer noch besser beraten, Gefühle wie Ärger und Wut kontrolliert an einem Sandsack auszuleben, statt an einem anderen Menschen oder an Gegenständen außerhalb des Trainings. Im Übrigen betrifft dies Erwachsene und Kinder gleichermaßen. Jeder Kampfkunsttrainer sollte hier feinfühlig sein und seine Schüler sehr gut kennen. In einem stabilen Vertrauensverhältnis kann ein Trainer ein ehrlicher und gesuchter Ansprechpartner für seine Schüler sein, auch und vor allem, wenn es um Gewalterlebnisse geht.

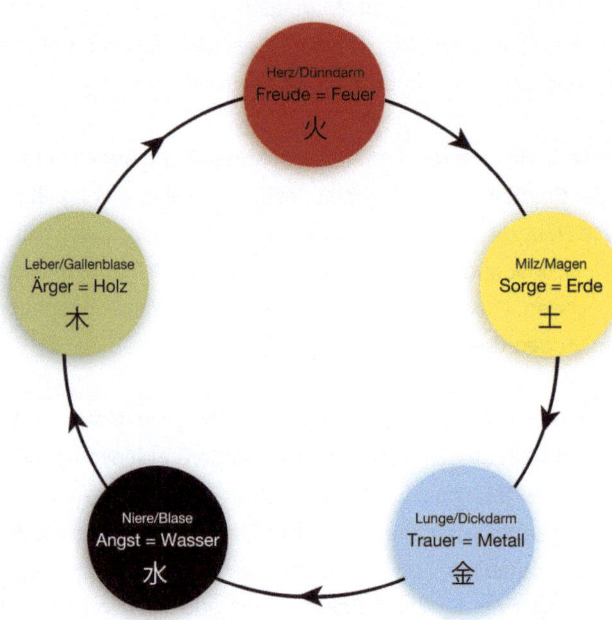

Die Arbeit mit den Emotionen ist eine vordergründige Aufgabe in der Kampfkunstpädagogik. Besonderen Stellenwert erhält dieses Thema auch in der Systematik der JING DAO-Meditation. Es gelten aus daoistischer Sicht folgende Regeln:

1.   Keine Emotion ist schlecht; jede Emotion ist notwendig.
2.   Negativ ist nur die Stagnation in einer Emotion.

Grundsätzlich geht es gerade im Kindertraining um die Beförderung einer gesunden, friedlichen und kenntnisreichen Lebensweise und nicht nur um perfekte Technik. Wer sich mit Kampfkunst beschäftigt, dem geht es in keinem Fall um das Siegen über andere.

Exkurs: Die Theorie der Gewalt

Es scheint leider eine Tatsache zu sein, dass sich viele Eltern und Pädagogen zu wenig mit gewalttheoretischen Fragen beschäftigen. Deshalb folgt hier ein kurzer Abriss zum Thema Gewalt, soweit es für das Kampfkunsttraining relevant ist: Als Gewalt werden Tätigkeiten, Prozesse, Vorgänge oder Handlungen bezeichnet, die auf eine Verletzung bzw. Tötung eines Menschen (bzw. Tier oder Gegenstand) zielen oder dieses bewirken. Auch strafrechtlich geht man davon aus, dass Gewalt dann vorliegt, wenn jemand getötet oder verletzt wird bzw. eine Sache beschädigt oder zerstört wird.

Ich habe in den letzten zwanzig Jahren in verschiedensten Einrichtungen gearbeitet. So in Familienzentren, Schulen, Kitas und Freizeiteinrichtungen. Ich habe mit scheinbar normalen, talentierten, vernachlässigten und auch mit rechtsradikalen Kindern gearbeitet. Gewalterlebnisse wurden mir überall berichtet, und bis heute ist es ein Grundsatz unseres Trainings, dass der Trainer oder Meister ein unbedingter Ansprechpartner aller Mitglieder in Sachen Gewalt ist. Gerade in den Kindertrainings vergeht keine Woche, in der wir nicht einen bestimmten Vorfall oder ein Erlebnis besprechen bzw. gegebenenfalls in einem Rollenspiel thematisieren.

Oftmals denkt man beim Thema Gewalt an Vorgänge, die einem selten oder gar nicht begegnen, die von ganz anderen Menschen begangen werden als jenen, mit denen man täglich zu tun hat. Das kann ich nicht bestätigen.

Zum Thema häusliche Gewalt informiert die Berliner Senatsverwaltung für Arbeit, Integration und Frauen: „Gewalt gegen Frauen und Kinder ist die häufigste Form von Gewalt weltweit und zieht sich durch alle sozialen Schichten. Sie findet meist zu Hause statt, gerade dort also, wo Schutz und Geborgenheit gesucht werden. Die Täter sind häufig Personen, denen die Betroffenen einmal vertraut haben. (...) Die jüngste repräsentative Studie, die dazu aus der Bundesrepublik vorliegt, wurde 2004 vom Bundesministerium für Familie, Senioren, Frauen und Jugend herausgegeben (BMFSF). Sie hat gezeigt, dass ca. 25%, also jede 4. Frau in der Bundesrepublik im Alter von 16 bis zu 80 Jahren, in ihrem Leben mindestens einmal körperliche und/oder sexuelle Gewalt durch einen Beziehungspartner erlebt. In Berlin wurden im Jahr 2013 insgesamt 15.971 Fälle häuslicher Gewalt bei der Polizei registriert (Vorjahr: 15.797 Fälle). 2.431 Frauen und Kinder (Vorjahr: 2.512) haben in den Berliner Frauenhäusern und Zufluchtswohnungen Schutz und Hilfe gesucht. (...) Die Kinder sind immer mit betroffen, entweder, weil das Miterleben der Gewalt gegen die Mutter schädliche Auswirkungen hat und/oder weil sie in diesem Kontext oft selbst misshandelt werden. Die Folgen für die Kinder sind vielseitig: Kinder entwickeln Ängste, leiden unter Schlafstörungen, haben Konzentrationsstörungen. Es kommt zu Leistungsabfall in der Schule, erhöhter Aggressivität, Zurückgezogenheit, Niedergeschlagenheit, den Kindern fehlen konstruktive Konfliktlösungsmöglichkeiten. Oft wird häusliche Gewalt von Generation zu Generation weiter getragen."[90]

Es geschieht offenbar viel zu häufig, dass Kinder mit ihren Ängsten und Sorgen keine wirklich kompetenten Ansprechpartner finden. Dass muss sich zwingend ändern. Ich erinnere mich zum Beispiel an eine Schule, in der ich ein Jahr lang Sicherheitstrainings für Kinder angeboten habe. Anfangs waren die Kinder überhaupt nicht in der Lage, selbst einfachste Regeln des sozialen Miteinanders, geschweige denn eines sportlichen Trainings einzuhalten. Gewalt war allgegenwärtig. Ich habe monatelang mit den Kindern gearbeitet. Am Ende galt ich zwar als strenger Lehrer, aber die Kinder kamen mit Freude in meine Stunden. Wir haben in jedem Training intensiv über Gewalt gesprochen und Rollenspiele durchgeführt. Dabei habe selbst ich gestaunt, was es schon im Kindesalter für Extreme gibt. Einmal fragte ich zum Beispiel einen besonders aggressiven Erstklässler, warum er immer gleich zuschlägt, wenn er sich mit einem Mitschüler auseinandersetzt. Er meinte, das sei das Klügste, da er dann alles bestimmen kann. Auf meine Nachfrage, was er denn mal werden möchte, sagte er „Dieb! Das ist das Beste. Ich hole mir alles mit einer Pistole, da kann keiner was machen."

Man kann bei entsprechender Vorbereitung eine Menge tun, um nicht hilflos in Gewaltsituationen dazustehen.

1.   Grundsätzlich ist jeder Kampf, dem man ausweichen kann,
        ein gewonnener Kampf!

2.   Wenn du aber kämpfen musst, dann bewege dich so,
        dass du möglichst nicht getroffen wirst.

3.   Verteidige dich so milde, wie es möglich ist, aber konsequent.

Einige Beispiele für sinnvolles Verhalten in Gewaltsituationen

•   Verhalte dich vorausschauend, so dass du
        immer rechtzeitig ausweichen kannst!

•   Halte ausreichend Abstand zum Gegner!

•   Bleibe ruhig!

- Atme erst einmal tief durch!

- Wehre dich zunächst mit Worten, ohne zu provozieren!

- Bewege dich so, dass deine Gegner vor dir stehen
  und vermeide Gefahren im Rücken.

- Hole immer Hilfe, wenn du eine Situation nicht alleine lösen kannst!

- Wegrennen ist keine Schande, wenn man keine andere Lösung hat!

- Teile dich mit deinem Erlebnis deinen engsten Vertrauten unbedingt mit
  und werte die Situation gründlich aus; im Normalfall ist das die Familie.

- Oft wird Gewalt auch in der Familie (häusliche Gewalt) ausgeübt. Teile dies
  unbedingt einer Person deines Vertrauens mit, z.B. deinem Kampfkunst-Trainer.

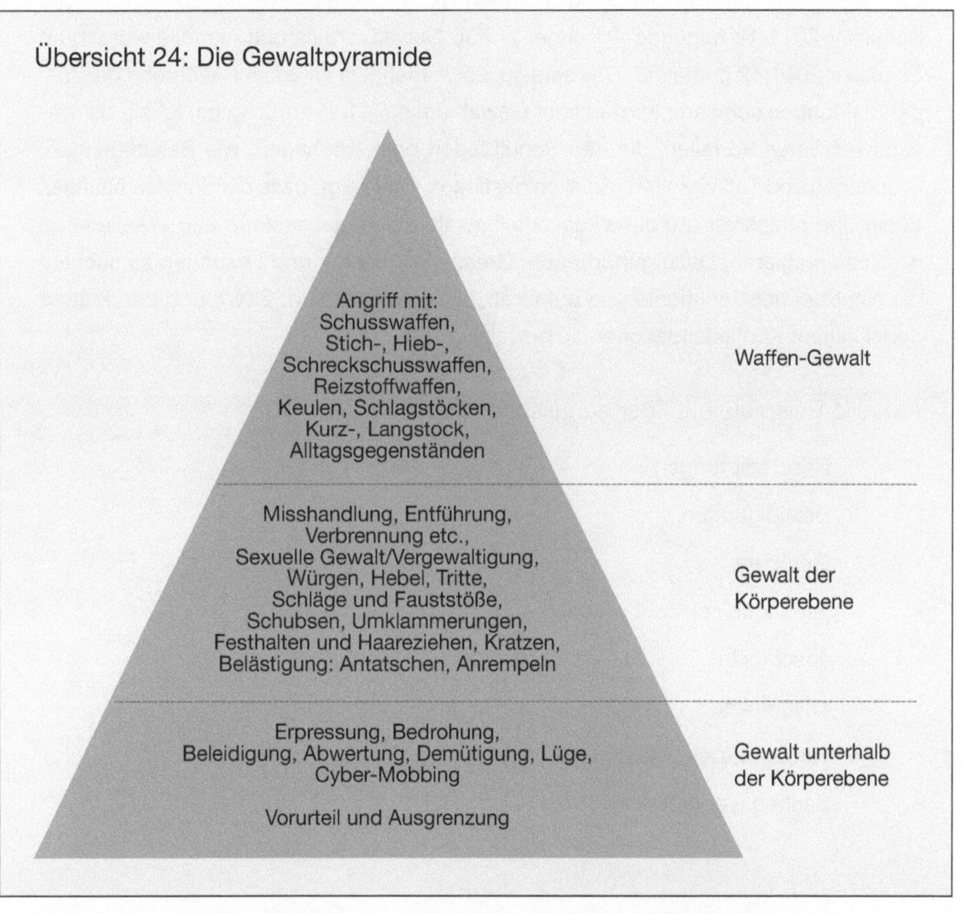

Gewalt verletzt und darf niemals ignoriert werden. Nahezu alltäglich sind für viele Menschen Erfahrungen mit nicht-körperlicher Gewalt. Vorurteile beherrschen oft den Alltag. Das beginnt in der Familie, zieht sich durch Freundeskreise, ist in den Schulen präsent und betrifft auch Wirtschaft und Politik. Ebenso verhält es sich mit Ausgrenzungen. Es ist nahezu immer einfacher, jemanden außen vor zu lassen, mit dem man nicht klarkommt, als das Problem in eine lösungsorientierte Richtung zu bearbeiten. Auch Cyber Mobbing nimmt zu und sollte größere Beachtung finden als bisher. Erst auf der nächsten Stufe der Gewaltpyramide wird der Körper berührt: Das sind Belästigungen wie Antatschen, Anrempeln, Schubsen, Beine stellen etc. Oftmals begreifen auch Familienangehörige nicht, dass Berührungen nur mit dem Einverständnis des Anderen in Ordnung sind. Gerade wenn die Kinder in die Pubertät kommen, sollte man sich darüber im Klaren sein.

Zur Situation in den Berliner Schulen finden wir im Gewaltpräventionsbericht für das Schuljahr 2011/12 folgende Aussage: „1.836 Gewaltvorfälle und Notfälle wurden im Schuljahr 2011/12 gemeldet. Das sind ca. 25 % mehr als im Vorjahr. Während die Zahl der Meldungen schwerer körperlicher Gewalt um ca. 11 % zurückging, ist sie bei weniger schweren Vorfällen, die den Schulfrieden beeinträchtigen, wie Beleidigungen, Drohungen und Tätlichkeiten, deutlich gestiegen. Das zeigt, dass die Schulen häufiger, früher und offensiver auf die alltägliche Gewalt, auf Regelverstöße und eskalierende Konflikte reagieren. Dazu gehört auch, Grenzen zu setzen und Lösungen zu suchen, die nicht bei der Sanktionierung aufhören, sondern Schülern, Eltern und Lehrkräften dabei helfen, Konfliktsituationen zu bewältigen."[91]

Aktuelle Beispiele häufiger schulischer Gewalt

- Beschimpfungen,

- Beleidigungen,

- Gerüchte,

- jemanden schlecht machen,

- anschreien,

- ausgrenzen,

- verbal sexuell belästigen,

- Sachen wegnehmen,

-       einschüchtern,
-       bedrohen,
-       schlagen,
-       treten,
-       kratzen,
-       spucken,
-       körperlich sexuell belästigen,
-       mit einer Waffe bedrohen.

Gewaltszene (nachgestellt)

Skizze zum Thema Mobbing

Ein viel diskutiertes Thema ist in diesem Zusammenhang auch das Mobbing. Hierzu gibt es erstklassiges Material. Jeder Pädagoge sollte sich immer wieder mit diesem Thema beschäftigen: „Mobbing ist die mit Abstand häufigste Gewaltform an deutschen Schulen. Es liegt immer vor, wenn eine Gewaltausübung mit den folgenden vier Bedingungen gleichzeitig gegeben ist:

- Kräfteungleichgewicht (Opfer ist alleine),

- Häufigkeit (mindestens einmal pro Woche),

- Dauer (Übergriffe erfolgen über Wochen oder Monate),

- Konfliktlösung ist aus eigener Kraft nicht möglich.

Symptome bei Mobbing: Ihr Kind

- ist bedrückt, wirkt häufig launisch und aggressiv,

- zeigt ungewöhnliche Verhaltensweisen,

- erhält keine Einladungen mehr zu Kindergeburtstagen,

- wirkt unsicher, sein Selbstwertgefühl nimmt immer mehr ab,

- zieht sich immer mehr in sich zurück,

- zeigt einen starken Abfall in den schulischen Leistungen,

- zeigt immer häufiger körperliche Beschwerden,

- will nicht mehr in die Schule gehen (beginnende Schulangst),

- will nicht mehr mit dem Bus zur Schule fahren,

- hat oft beschädigte Kleidung oder Schulsachen,

- verliert angeblich immer wieder Geld." [92]

Was kann man sinnvoll tun?

In jedem Fall sollten Sie sich um das Gespräch bemühen und das betroffene Kind schützen und ermutigen. Machen Sie dem Kind keine Vorwürfe und rennen Sie auch nicht gleich zu den Eltern der Täter. Bemühen Sie sich eher am Ort des Geschehens um eine intensive Prävention und Intervention. Lassen Sie ihr Kind niemals allein mit seinen Problemen. Scheuen Sie sich nicht, externe Hilfe einzuholen. Sie können nicht für jedes Thema ein Experte sein. Empfehlenswert sind auch Gesprächsprotokolle und Dokumentationen Ihrer Bemühungen.

Szene (nachgestellt)

Übersicht 25: Waffenrecht und Waffengesetz

Es ist erschreckend, dass auch extreme Gewalt, wie zum Beispiel die Waffengewalt im Jugendbereich, noch immer Alltag ist. Dabei regelt das Waffengesetz sehr genau, was in Deutschland verboten ist. Das ist auch für Kampfkünstler sehr interessant. Grundsätzlich ist der Umgang mit Waffen erst ab dem 18. Lebensjahr gestattet.

Erlaubnispflichtige Waffen:

- scharfe Waffen, Schreckschuss-, Reizstoff- und Signalwaffen/Luftdruck-, Federdruck-und CO2-Waffen ohne Prüfzeichen,

- wesentliche Teile von Schusswaffen (z.B. Lauf oder Verschluss),

- Schalldämpfer, wenn diese für erlaubnispflichtige Schusswaffen bestimmt sind.

Verbotene Waffen:[94]

- Selbstladewaffen (vollautomatisch),

- Pumpguns,

- getarnte Schusswaffen (z.B. Schießkugelschreiber),

- getarnte Hieb- und Stoßwaffen (z.B. Spazierstock),

- „Wilderer-Waffen" (zerlegbar ohne Werkzeug),

- mehrschüssige Kurzwaffen (ab Baujahr 1970),

- Stahlruten, Totschläger,

- Schlagringe, Wurfsterne, -messer und -pfeile,

- Molotowcocktails,

- Schleudern mit Armstütze,

- Würgehölzer,

- Fall-, Spring-, Faust- und Butterflymesser,

- Elektroimpulsgeräte und Taser.

Bedingt vom Verbot ausgenommen sind:

- Harpune (ohne Munition),

- Armbrust (ab 18 Jahren),

- Reizstoffsprühgeräte mit BKA-Prüfzeichen (ab 14 Jahren zur Notwehr).

Generell verboten:

- Bei öffentlichen Veranstaltungen (Volksfeste, Mittelaltermärkte, Jahrmärkte etc.) sowie bei Demonstrationen oder Versammlungen in der Öffentlichkeit verbieten das Versammlungsgesetz und das Waffengesetz ausnahmslos das Mitführen von Waffen.

- Anscheinswaffen,

- Hieb- und Stoßwaffen,

- Einhandmesser oder feststehende Messer mit einer Klingenlänge über 12 cm.

Hinweise zur „Notwehr"

Natürlich ist es insbesondere für Kampfkünstler interessant, wie es sich mit dem Recht auf Verteidigung juristisch verhält. Grundsätzlich wird dieses Thema unter dem Begriff „Notwehr" diskutiert.

Notwehr ist im Strafrecht und Privatrecht Deutschlands die Verteidigung, die erforderlich ist, um einen gegenwärtigen rechtswidrigen Angriff von sich oder einem anderen abzuwenden.[95]

Ein Angriff ist gegenwärtig, sobald die Bedrohung unmittelbar bevorsteht, gerade stattfindet oder noch andauert. Die Verteidigung ist bis zur Beendigung der Tat möglich (z.B. Verfolgungsrecht beim flüchtenden Dieb).

Immer wieder ist es ein Thema: Was geschieht, wenn ich in einer Notlage überreagiere? Dazu wird formuliert: „Überschreitet der Verteidiger das Ausmaß der Notwehrhandlung innerhalb (intensiv) einer Notwehrlage über die gebotene Erforderlichkeit (oder Gebotenheit) seiner Abwehrhandlung hinaus, liegt ein intensiver Notwehrexzess vor. Der Verteidiger handelt in diesem Fall rechtswidrig, kann aber dennoch straflos bleiben, wenn er aus Verwirrung, Furcht oder Schrecken (den sogenannten asthenischen Affekten) handelte."[96]

Man muss sich in jeder Verteidigungssituation an die Regel der Verhältnismäßigkeit halten: Verteidige dich immer so milde es geht! Gerade Kampfkünstler sollten in der Lage sein, die Verteidigung möglichst effektiv zu gestalten, so dass der Angreifer so wenig wie möglich Schaden erleidet.

Das menschliche Miteinander erhält nur eine friedliche Basis, wenn man diese schafft und alltäglich dafür Sorge trägt. Gewaltlosigkeit ist kein Geschenk, sondern Ergebnis stetigen Bemühens um Verständigung. Wer Gewalt nicht akzeptiert, muss dafür sorgen, dass friedliche Formen des Umgangs entwickelt werden.

Es ist wichtig, für Aufklärung zu sorgen, offen und ehrlich vor allem auch mit Kindern zu sprechen. Jedes Kind hat eindeutige Rechte. Insbesondere die in Deutschland am 5. April 1992 ratifizierte UN-Kinderrechtskonvention regelt den Schutz aller Kinder vor Gewaltanwendung, Misshandlung, Verwahrlosung und Ausbeutung sowie unter anderem das Recht auf Privatsphäre und persönliche Ehre.[97]

> *Gewalt gegen Kinder ist in jeder Form eindeutig verboten!*
> *Niemand darf ein Kind schlagen, einsperren oder*
> *massiv unter Druck setzen.*

Das wissen offenbar noch nicht alle Menschen in Deutschland. Sorgen wir also gemeinsam für Aufklärung. Gewalt ist niemals ein akzeptabler Weg und ist vor allem gegenüber Kindern konsequent zu verfolgen bzw. zu bestrafen.

Vor vielen Jahren habe ich im Rahmen eines anderen Projektes mit verschiedenen Einrichtungen zum Thema „Kinderfreundlichkeit" zusammen gearbeitet. Ein damals diskutiertes und noch immer interessantes Dokument hat folgenden Inhalt.

Übersicht 26: Die zwölf persönlichen Rechte[98]

1. Du hast das Recht, dein Verhalten, deine Gefühle und deine Gedanken selber zu beurteilen, und brauchst dich dafür weder zu rechtfertigen noch zu entschuldigen.

2. Du hast das Recht, deine eigenen Wünsche und Bedürfnisse ebenso ernst zu nehmen wie die anderer Menschen.

3. Du hast das Recht, Fehler zu machen und die Folgen zu tragen.

4. Du hast das Recht, anderen eine Bitte abzuschlagen, ohne dich schuldig zu fühlen und als egoistisch zu gelten.

5. Du hast das Recht, deine Meinung zu ändern.

6. Du hast das Recht, „unlogisch" zu sein.

7. Du hast das Recht, selber zu entscheiden, ob du das, was dir andere als Fehler vorwerfen, ändern willst.

8. Du hast das Recht, selber zu beurteilen, ob du für die Lösung der Probleme anderer Menschen mitverantwortlich bist.

9. Du hast das Recht, Fragen nicht zu beantworten.

10. Du hast das Recht zu sagen: „Ich verstehe nicht."

11. Du hast das Recht zu sagen, „Ich weiß nicht", wenn andere sagen: „Was wäre, wenn alle so dächten wie du?"

12. Du hast das Recht, nein zu sagen, ohne dieses Nein zu begründen.

Aus den Erfahrungen der letzten Jahrzehnte kann ich bestätigen, dass auch das Training in einem Kampfkunst-Dojo ein hervorragender Weg sein kann, über Gewalt aufzuklären, den Umgang damit zu trainieren und darüber hinaus positive Strategien gegen Gewalt systematisch zu erlernen. Wirkliche DAO-Kampfkunst ist kein auf den Sieg orientierter Sport, sondern zielt auf die Entwicklung selbstbewusster und friedlicher Persönlichkeiten.

Erfahrungsberichte

Maria Skogvall
Von Grenzüberschreitungen

Wie kann ich das in Worte fassen, was ich in den letzten zehn Jahren – ja, ich bin auch schon so lange dabei! – im Training erlebt habe? Ohne das Wushu-Training könnte ich mir diese Zeit überhaupt nicht vorstellen! Und die wichtigste Frage, die ich mir jetzt stelle ist: Wie hat mich das Training geprägt? Ich habe so viel über mich gelernt und erfahren, so viel gesehen und gefühlt... Ich kann euch garantieren, dass ich das nicht mal in einem ganzen Buch wie diesem niederschreiben könnte!

Als ich mit 14 Jahren das erste Mal die Turnhalle in der Ruppiner Straße betrat, in der Jens damals noch die Trainings abhielt, war ich ein kleiner Sportmuffel. Mir grauste es vor der Vorstellung, freiwillig drei Schritte zu machen. Eigentlich war ich nur da, weil ich gleich um die Ecke wohnte und die halbe Familie seit Jahren auf mich einredete, dass ich doch mal zu Jens' Kindertraining gehen solle. (An dieser Stelle einen herzlichen Dank an Papa, Micha und Theresa!) Ich ging also mit einer eher schlechten Einstellung dahin. Und ich weiß nicht, wie Jens das angestellt hat, aber es machte mir tatsächlich Spaß!

Es kam mir damals vor, als würde er meine Grenzen besser kennen als ich selbst: In Augenblicken, in denen ich dachte, dass ich gleich umfalle, spornte er mich an und siehe da, ich habe es tatsächlich geschafft! Dieses Gefühl von Grenzüberschreitung hatte ich noch oft. Sei es im Training, wo ich mich plötzlich so gut dehnen konnte, dass meine Stirn das Knie berührte, oder im Trainingslager, wo ich trotz mehrfach beinahe ausgebrochenem Verzweiflungsheulen den Lauf durchhielt (ganz bis zum Schluss!), oder beim Meditieren in der Wächterstellung im Trainingslager in Freising, wo ich den Erschöpfungslachanfall meines Lebens hatte, aber trotzdem meine Arme nicht herunternahm. Danach dachte ich mir immer: „Wenn ich das jetzt geschafft habe, kann ich bestimmt noch viel mehr schaffen!" Und das zeigt sich bis heute in allen möglichen Situationen auch außerhalb des Trainings.

Je älter ich werde, insbesondere seit ich selber Mutter bin, desto schwieriger wird es leider, regelmäßig ins Dojo zu kommen, geschweige denn in die Trainingslager zu fahren. Das geht anderen zwar auch so, aber ich finde es trotzdem unheimlich schade! Gerade die Lager fehlen mir sehr, denn trotz des höllischen Muskelkaters, der blauen Flecken und der chronischen Müdigkeit hatte ich dort immer das beste Körpergefühl und war geistig so entspannt und gelassen, wie sonst nie.

Man ist dort in einer ganz anderen Welt. Eine kleine Gruppe von lieben Menschen, die einander helfen, die gemeinsam leiden und sich gemeinsam freuen, die nach kürzester Zeit ihre Insider Jokes haben, gemeinsam kochen und im See baden gehen. Es war immer schwer, mir vorzustellen, dass es außerhalb dieser Gruppe noch Menschen gibt, die nicht wissen, was ein Sho Men Uchi ist. Das Ende der Trainingslager nahm ich immer sehr schwer. Beim nächsten Pfingstlager bin ich aber wieder dabei, und ich freue mich sehr auf diese vier Tage in Klosterdorf, ganz wie in alten Zeiten.

Eckbert Lösel
Die Stellung finden

Zeichnung: Eckbert Lösel

Immer, wenn ich Zeit dazu finde, in den Trainingslagern, versuche ich, eine Qigong-Übung, eine Kata, eine Form für mich zeichnerisch festzuhalten. Es macht mir Spaß, mir jede Bewegung so genau vorzustellen, dass ich sie auch zeichnen kann. Indem ich versuche, die Übungen visuell zu erfassen, holt der Kopf nach, was der Körper schon kann. Die Vorstellung weist immer Lücken auf. Oft reicht es dann, aufzustehen, die Bewegung kurz auszuführen und sich selbst dabei noch einmal genau zu beobachten (merkwürdig, dass das funktioniert). Dieses Zeichnen befriedigt mich sehr und kommt mir auch beim Üben von Taiji zugute, weil ich die Details der Form nicht so schnell vergesse. Diese Verbindung zu finden, zwischen meiner Tätigkeit als Maler und dem Üben von Taiji, war gar nicht so leicht.

Die Unmöglichkeit, den Stoff in seinem ganzen Umfang zu erfassen, ist eines der Schlüsselerlebnisse, die ich in der Schule von Jens von Anfang an hatte. Die Fülle an Stoff ist derart gewaltig, dass ich als Schüler gezwungen wurde, die eigene Position, das eigene Leben dazu ganz neu zu bestimmen.

Ich ertappte mich am Anfang immer dabei, wie ich die wenigen Bewegungen zu Beginn der 24er Form, die ich damals kannte, immer wieder üben „musste", oft stundenlang die gleiche Bewegung, ohne Langeweile zu verspüren, sondern im Gegenteil, die Bewegung immer interessanter fand. Ich habe mich gefragt, warum mich dieses Vorgegebene so befriedigt, während ich als Maler doch alles machen kann, was ich will – aber das interessierte mich nicht mehr. Und warum mich diese Art zu Üben derart stark anzieht, dass ich immer weniger Zeit zum Malen habe.

Die schwierigste Übung, die mir am Anfang gestellt wurde, war daher die, meine Position in diesem Universum zu finden, ohne die des Malers aufzugeben. Der Sog der Inhalte, die Träumereien, eine Meisterschaft als supergesunder, weicher, elastischer und natürlich unbesiegbarer Kämpfer zu erlangen, der nebenbei auch noch perfekt malt, war zu groß. Ich glaube, auf die eine oder andere Art ist das jedem von uns so gegangen.

Taiji, Qigong und Wushu sind ein gewaltiger Berg an Inhalten, von denen jeder einzelne eine Tiefe hat, die nie ganz ausgelotet werden kann. Jens ist uns dabei immer so weit voraus gewesen, dass er nie etwas ausschließlich in den Vordergrund gerückt hat. Jeder Inhalt wurde durch andere ergänzt oder relativiert. Jeder Fehler erst einmal hingenommen („Deine Schultern sind zu hoch, beobachte das einmal."). Inzwischen ist er uns durch seine TCM-Ausbildung weiter enteilt, während wir langsam hinterher zuckeln. Das Grundgefühl bei Jens war immer: Das Leben muss ganz schön lang sein, um noch alles lernen zu können.

Mit der Zeit ist mir klar geworden, warum mir das Üben von vorgegebenen Bewegungen Freude bereitet. Eben weil es vorgegeben ist. Weil es von außen kommt und ich mich dem Vorgegebenen anpassen und stellen muss. Weil es mir etwas Neues gibt und nur so meine eigenen Fähigkeiten erweitert und abgerundet werden.

Das wiederum konnte ich gut für meine Arbeit als Maler gebrauchen und ich achte seither mehr darauf, die Außenwelt nicht zu vernachlässigen, da ich in der Malerei leider nie einen Lehrer, außer die Natur selbst, gefunden habe. Die Außenwelt mit der Innenwelt in Einklang zu bringen, das scheint mir die Lehre einer Taiji-Form zu sein. Im Taiji habe ich einen Stoff und in Jens einen Lehrer erlebt, wie ich sie als Maler gerne gehabt hätte.

Das Vertrauen in die Inhalte und in Jens war von Anfang an da, ohne dass ich genau wusste, woher es kam. Während ich mich immer wieder gewundert habe, was für anstrengende Übungen gut für den Körper (und Geist) sein sollen – die Bestätigung dafür kam immer irgendwann.

Letzen Endes war die Malerei doch stärker. Ich habe einige Zeichentechniken gefunden, die mir genau das Gefühl des Übens vermitteln, das ich am Taiji so mag, und ich kann inzwischen fast alles, was ich im Taiji lerne, für meine Bilder verwenden.

Dass ich in so späten Jahren noch etwas lerne, das so weit über den eigentlichen Inhalt hinausführt, dafür werde ich Taiji und Jens immer dankbar sein. Der eigentliche Grund, Taiji anzufangen, nämlich der Rückenschmerz, hat sich dagegen inzwischen aufgelöst.

Kali – Grundform

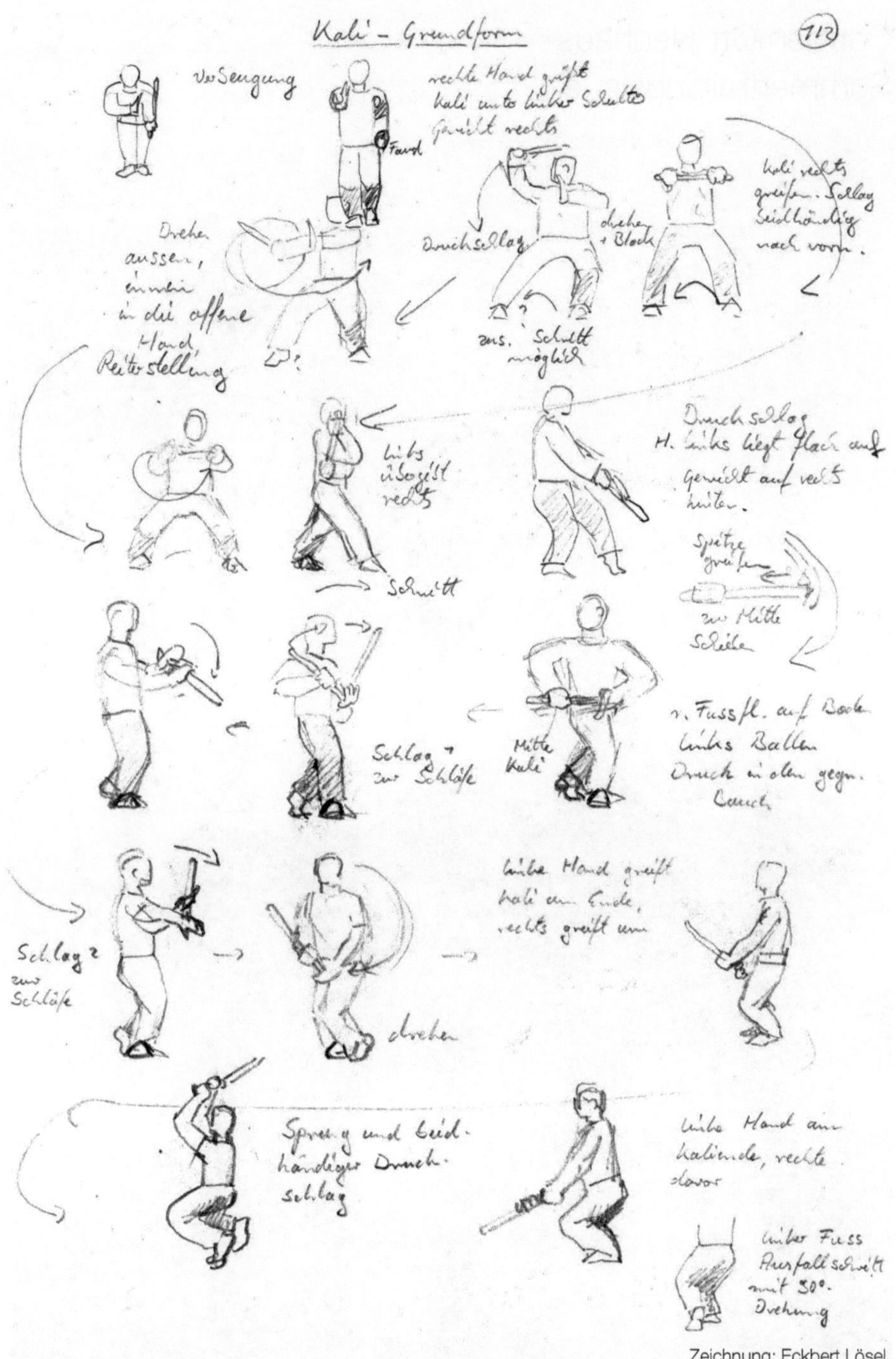

Zeichnung: Eckbert Lösel

Carmen Ott-Neuhaus
Sommertrainingslager

Sie haben sich im Laufe der Zeit gewandelt. Sie sind kürzer geworden und finden nicht mehr in anderen Ländern, in den Bergen, am Meer statt. Wir, die Wushu-Stammtrainingsgruppe, haben unser Lager in Klosterdorf aufgeschlagen und werden bald bei Shifu Jens auf dem Hof sein. Aber trotz alledem haben sie an Intensität nicht verloren.

Schon Wochen vorher bereite ich mich vor, um die Zeit so vollkostig wie möglich zu erleben. Oft sind es die Fragen nach dem richtigen Gepäck, der Organisation der Selbstversorgung, nach dem Lagergeschenk für Jens oder einem Vortrag, die im Vorfeld die Aufregung erhöhen.

Mit dem magischen Satz: „Und hiermit eröffne ich das Trainingslager!", ist es dann soweit, der Alltag verschwindet, mein Kampfdasein nimmt seinen Lauf. Shifu Jens zieht mich beim Abendtraining immer tiefer in den Bann des Wushu. Ich gebe zu, manchmal ist ein Kommandoschwall von Nöten, um die Disziplin, die es hier braucht, in mir wachzurufen. Der Abend klingt dann ganz friedlich mit der Abendmeditation aus, was zu einem Naturerlebnis werden kann, wie beim Sonnenuntergang am Strand in Dänemark.

Und schon jetzt bin ich dankbar für alle Mühen und den Mut von Jens, uns auf diese Reisen mitzunehmen.

Auch die Nachtruhe kann durch ein schroffes Kommando – „In 5 Minuten auf dem Platz!" – unterbrochen werden. Doch es ist herrlich, bei Vollmond, noch schlaftrunken, die Shinai über den Köpfen der anderen zu schwingen. Aber normalerweise treffen wir uns zur Morgenmeditation. Sie ist ein Geschenk, vor allem in den Bergen, wenn langsam die Gipfel durch den Nebel scheinen. Der Übergang in das Training danach ist kaum spürbar. In Stille wird Qigong praktiziert und die Form erarbeitet. Das Gras, das Licht, die Tiere drum herum – alles wird eins. Und das erste laute Wort heißt „Frühstück".

Meist bin ich morgens früher aufgestanden, um den Brei zuzubereiten. Jetzt ganz schnell die Zeit noch nutzen, um die Wunden zu lecken, Schlaf nachzuholen, sich mit der Theorie des Dao zu beschäftigen, bis wir zum Morgentraining starten: das Training für mich mit den meisten Höllen, sei es die Standmeditation oder das Ausdauertraining. Jens hat einen unendlich großen Pool an kleinen Gemeinheiten, angepasst an Waffe und Umgebung. Nach zwei Stunden, Jens überzieht gerne, ist dann endlich Mittagspause, und ich darf die gekochten Köstlichkeiten meiner Mitkämpfer genießen. Munter wird vor sich hingequasselt, werden alte Trainingsmythen erzählt, wird herrlichst rumgesponnen, gekichert und gelacht.

So, jetzt ist Mittagsschlaf angesagt, wenn nicht doch noch Waffen gepflegt werden wollen. Der Shifu hat für uns viele Aufgaben in seiner Truhe. Das Nachmittagstraining wird vor allem der jeweiligen Technik gewidmet und macht mir am meisten Freude. Ich erinnere mich an Tschechien, als wir die Hügel mit unserem Bo gepflügt, oder an Schweden, als wir mit unseren Fäusten den See aufgewühlt haben. Und obwohl wir es nach dem Abendessen wirklich verdient hätten, uns auszuruhen, gehen wir noch mal auf die Wiese oder auf eine Pferdekoppel, um unsere Körper erneut mit Katas und gefühlten Tausenden von Schlägen zu kräftigen. Und dann kann es passieren, dass plötzlich galoppierende Pferde auf uns zukommen, ihr Tempo verlangsamen und wir uns gegenseitig in unserer Kraft beschnuppern. Und wenn dann noch die untergehende Sonne die Meditation begleitet, dann freuen sich Seele und Geist dazu.

Durch Vorträge von Jens oder den Schülern lernen wir den theoretischen und philosophischen Aspekt unserer Schule kennen. Natürlich gibt es auch freie Tage mit langem Ausschlafen morgens und Lagerfeuer mit Michas und Marias Gesang abends.

Die Energie zu leiten und doch Freiräume für wahre Augenblicke zu schaffen, das gelingt Jens, auch wenn er gerade eben aus China kommt oder sonst dringende Aufgaben bewältigen muss.

Am Ende eines jeden Trainingslagers ist mein Gepäck voller Schätze – eine neue Form, neues Wissen, Körpervertrauen, Lebensfreude und viel Dankbarkeit.

Ich muss gestehen, dass es in jedem Trainingslager auch Momente gibt, in denen ich mich frage, was ich hier eigentlich tue und warum.

Ich sammele Erfahrungen und vermehre meinen Vorrat an Handlungsweisen, um mich dem Leben in seiner ganzen Vielfalt zu stellen. Ich bin jetzt 53 Jahre alt und sehr gespannt auf das 14. Sommertrainingslager!

Zeichnung: Eckbert Lösel

Michael Sandien
Training und Spaß

So oft ich in den letzten 17 Jahren gefragt wurde: „Und – dein Training, macht's Spaß?", antwortete ich mit „Nein". Die meisten sind dann verwundert, nur einmal sagte einer, der selber auch Kampfkunst trainierte: „Gut, Training ist auch nicht zum Spaß haben da."

Doch die Anderen fragen weiter: „Warum gehst du zum Training, wenn es keinen Spaß macht?" Und es gibt viele Antworten, doch bleiben wir beim Thema Spaß. Okay, Training macht manchmal Spaß. Es sind die Momente, in denen ich deutlich spüre, was an Kraft, Beweglichkeit, Koordination und Weichheit ich mir in den Trainingsjahren angeeignet habe, wo ich mein Können genieße. Es macht Spaß, Dinge tun zu können, derer ich früher nicht fähig war. Aber diese Sequenzen machen höchstens 10 Prozent der Trainingszeit aus.

Da gibt es noch die 90 Prozent, die mit verschiedensten Formen der Anstrengung gefüllt sind. Einige Beispiele: Muskeldehnschmerzen, die Schmerzen beim 30. und dann beim 40. Liegestütz, der Drehschwindel bei den Drehungen um die eigene Achse, die Atemnot bei Konditionsübungen, manchmal Durst, manchmal Angst davor, getroffen zu werden, die Konzentration auf das Trainingsgeschehen immer gleich hoch zu halten, die Freundlichkeit während des Trainings zu bewahren. Anstrengend ist es auch, tatsächlich im Kampf getroffen zu werden. Und anstrengend ist es manchmal, wenn Dinge im Training nicht so gut klappen und ich nicht so schnell vorankomme, wie ich es erwartete.

Warum also zum Training gehen, fragen die Leute, wenn so viel Anstrengung und so wenig Spaß dabei ist? Eine Antwort: Ich habe bisher nichts gefunden, was mir mehr Kraft gibt, um meine positiven Eigenschaften zu verstärken. Auch Genussfreude und Lebenslust werden intensiviert. Das beim Training Erlernte macht einen Großteil meiner Ausstrahlung aus, es hilft mir bei der Aufrichtung meiner Wirbelsäule, es hilft mir, wenn nötig, auch längerfristig hohe Spannung in meinem Körper aufzubauen und dabei weich und freundlich zu bleiben. Es hilft dabei, mich gesund zu bewegen. Das beim Training Erlernte macht mich größer, stärker, ruhiger. Ein Glück für meine Umwelt, dass ich regelmäßig trainiere.

Montags, mittwochs und freitags huke ich mein Fahrrad Richtung Dojo und weiß, es wird wehtun, und ich werde Dinge tun, für die ich zu Hause niemals die Energie aufbringen würde, sie zu tun. Ich folge den Anweisungen von Jens, der uns in jahrhundertealten Übungen unterweist, und auch wenn der lange Arbeitstag manchmal sehr ermüdend war, bin ich nach dem Training frisch und wach.

Manchmal denke ich vormittags: „Oh, heute Abend das Training wird schmerzhaft", und ich habe etwas Angst vor dem Training. Mittlerweile würde mir wahrscheinlich etwas fehlen – ohne diese Angst. Ohne das Training sowieso. Vor dem Training ist es wie die Anstrengung vor einer Reise ins Ungewisse, nach dem Training ist es die Freude, diese Reise bewältigt zu haben.

Und doch zählt nach dem Training nicht, dass ich eben gut trainiert habe, sondern, dass ich übermorgen wieder zum Training gehe. 

Alexandar Kuzmanovski
Blitzlichter zur Theorie-Ausbildung

Sehr leicht sind meine Worte zu verstehen
sehr leicht ist es, danach zu handeln
und dennoch gibt es keinen in der Welt
der sie versteht, der danach handelt

denn jedes Wort hat einen Sinn
wie jede Tat auch einen Täter hat
das aber wissen nicht die Menschen
und darum bin ich ihnen unbekannt

doch wachse ich an Wert
je weniger mich kennen

so trägt der Weise ein härenes Kleid
und birgt doch Jade im Herzen

(Dao De Dsching, Vers 70, Übersetzung von Ernst Schwarz)

Erfahrungsgemäß: Zuerst hat man's, dann hat man es nicht.
Dann geht man auf die Suche und dann hat man es.

(Jens im Pfingsttrainingslager 2006)

So wie man ein großes Puzzle mit unüberschaubar vielen Teilen zusammenlegt, nähern wir uns in jedem Theorie-Training bzw. -Seminar Stück für Stück dem Verstehen und Ergründen von chinesischer Philosophie, Daoismus, Buddhismus, Traditioneller Chinesischer Medizin, chinesischer Sprache, Sportbiologie, Theorie und Prinzipien von Kampfkünsten und vielen weiteren Themen. Manchmal verstehen wir nicht, wieso wir so viele Themen ansprechen. Manchmal können wir davon nicht genug bekommen. „Verbinden ist in der Welt die Ausnahme, Abgrenzen ist normal. Ihr müsst euch mit der Energie des Anderen bzw. des Universums verbinden." (27. Juni 2003) Das sagte Jens zu uns bei einer Tuishou-Übung, wenn ich mich nicht irre. Aber ich bin überzeugt, dass es ebenso für das Denken gilt.

Philosophie

Eine Turnhalle, Freitag Abend, irgendwann in den ersten Jahren des 21. Jahrhunderts, eine halbe Stunde vor dem regulären Wu Shu Training von Jens. Eine Gruppe von Jugendlichen und Erwachsenen sitzt auf dem Boden, jeder hoch konzentriert und vertieft in ein Buch. Es ist das Dao De Dsching von Lao Dsi, ein Klassiker der chinesischen bzw. daoistischen Philosophie.

„Was denkt ihr, was bedeutet der erste Vers?", fragt Jens. Die Stimme schwebt leicht in der großen Turnhalle. Schüchterne Blicke werden ausgetauscht und dann traut sich der erste seine Meinung zum 1. Vers zu sagen. Es werden Interpretationen präsentiert und diskutiert. „Was hat das mit dem Training zu tun?", ist eine weitere Frage von Jens. Stirnrunzeln bei den Beteiligten. Verwirrte Gesichtsausdrücke, Schweigen. Versteht irgend jemand, was Jens mit dieser Frage bezweckt?

Jens lässt die Frage so offen stehen und beginnt das reguläre Training. Zu den grübelnden Gedanken gesellt sich der Schweiß auf unserer Haut. Jens ruft Kommandos in die Turnhalle. Langsam wird das Denken klarer, es weicht dem Augenblick, der Realität der Körper-Bewegungen. Denken und Handeln werden weicher, stimmen sich aufeinander ab. Nach dem Training, ausgepowert aber fit, frage ich mich wieder, was der 1. Vers des Dao De Dsching für das Training bedeutet.

Meditation

Sommer, brütende Hitze, ein tschechischer Wald am Nachmittag. Jens sitzt auf dem Waldboden, umringt von einer Schülergruppe. Jeder hat einen Schreibblock zur Hand. Es wird still. Eine Fliege summt um meinen Kopf und eine leichte, frische Brise bringt

Erleichterung von der Hitze. Das Thema des heutigen Theorie-Trainings ist die sitzende Meditation. Durch Fragen zieht Jens uns die Grundlagen aus der Nase. Wir wiederholen die erste Stufe der Meditation, die Achtsamkeit gegenüber der eigenen Körperhaltung. Für die Fortgeschrittenen wird die zweite Stufe, die Achtsamkeit gegenüber der Atmung, erläutert. Danach dürfen wir uns einen Platz im Wald suchen und die eben besprochene Theorie in die Tat umsetzen. Eine kurze Nachbesprechung, wie es jedem ergangen ist, folgt.

Am nächsten Morgen um 6 Uhr treffen wir uns wieder im Wald zur Morgen-Meditation. Wir nehmen Platz. Jens schlug dreimal die Klangschale. Die Meditation beginnt. Die leichten Waldgeräusche begleiten unsere Arbeit, in die Meditation einzutauchen. Nach kurzer Zeit der relativen Wald-Stille ist eine Säge zu hören. Ich drehe mich um, um den morgendlichen Störenfried ausfindig zu machen. Ich finde ihn und muss schmunzeln. Eine Schülerin sitzt schnarchend in Meditationshaltung hinter mir.

Trainerausbildung

Als langjähriger Schüler will ich 2009 mein Interesse an Kampfkunst durch eine Ausbildung als Kampfkunst-Trainer vertiefen. Diese beginnt mit einer Theorie-Ausbildung zur Pädagogik, möglichen Sozialformen, dem Einsatz von Medien, zu sportbiologischen Grundlagen, zu Traditioneller Chinesischer Medizin und zu vielem mehr.

Wir treffen uns regelmäßig im Dojo. Eine kleine Gruppe von Schülern, Jens und ein Flip-Chart. Wenn Jens zu referieren beginnt, ist es mucksmäuschenstill. Zumindest so still, wie es in Zeiten von geräuschoptimierten Tastaturen nur sein kann. Die Atmosphäre ist hoch konzentriert und die Zeit ist immer zu kurz für die Vielfalt des Stoffes. Immer wieder blitzten Situationen aus dem erlebten Training in mir auf, welche mit der eben gehörten Theorie mehr Tiefe bekommen. Das Staunen und die Bewunderung für die Arbeit von Jens wachsen mit jeder Minute. Langsam dämmert es mir, welche intensive und schwierige Aufgabe es ist, die individuelle Weiterentwicklung einer Gruppe von Kampfkunst-Schülern voran zu treiben.

Theorie-Seminare im Trainingslager

„Wir hören uns heute einige Vorträge zu gelesener Literatur von den Kindern an, dann möchte ich ein wenig zum Buch-Projekt sagen und schließlich besprechen wir gemeinsam die emotionalen Aspekte der 5-Wandlungsphasen. Ich möchte, dass jeder von euch etwas klüger aufsteht, als er sich hingesetzt hat."

So beginnt Jens im Pfingst-Trainingslager 2014 eines von vielen Theorie-Trainings. Wir sitzen abends draußen auf dem Hof in Klosterdorf, es ist immer noch sehr warm, jeder hat einen Schreiblock zur Hand. Die Kinder, jedes auf seine Weise, sind wegen der Vorträge aufgeregt. Einige Erwachsene rücken ihre Brillen zurecht, andere versuchen zu verbergen, dass sie vom langen Trainingstag etwas müde und erschöpft sind.

Es folgen Kinder-Vorträge (9-14 Jahre alt) zu der Kinder-Buchreihe „Die fünf Gefährten", zum Buch „Der Meister" und eine Einführung in die Religion des Buddhismus. Wichtig ist, die jeweiligen Inhalte in vorgegebener Zeit zusammenzufassen, entdeckte Verbindungen zur Kampfkunst aufzuzeigen und seine eigene Meinung zu formulieren. Abgesehen von der individuellen Aufregung hauen uns alle Kinder mit ihrer „Performance" um. Wir lernen, was die Kinder lasen und freuen uns über ihre ersten Geh-Versuche, eine Weltreligion zu verstehen.

Es beginnt dunkel zu werden, als die Kinder ins Bett gehen. Und wir Erwachsenen erfahren und hinterfragen, was die alten chinesischen Meister-Mediziner über die emotionale Struktur des Menschen herausgefunden haben. Wir hören damit notgedrungen auf, als die Tafel in der Dunkelheit nicht mehr zu erkennen ist. Später sitzen wir noch ein Weilchen zusammen und beschäftigen uns mit dem einen oder anderen Aspekt des gerade Gelernten. Als fast alle schlafen gegangen sind, sitze ich noch eine (zu) lange Zeit mit Micha zusammen. Das rächt sich, als am Morgen um sechs der Wecker klingelt. Morgentraining.

Jens sagte in einem Theorievortrag im Trainingslager 2003 zu uns „Ich würde am liebsten mit euch allen im Kloster leben." Nun, das ist ihm nicht gelungen, aber solche Abende wie in Klosterdorf fühlen sich so an, als ob es so wäre.

Trainingslauf

„Wir befinden uns im Jahre 2014 nach Christus. Ganz Deutschland ist von himmlischer Morgenruhe besetzt. ... Ganz Deutschland? Nein! Ein von unbeugsamen, joggenden Schülern bevölkerter Waldweg hört nicht auf, dem inneren Schweinehund Widerstand zu leisten..." (Frei nach der Einleitung der Asterix- und Obelix-Comics). Wie in jedem Trainingslager kommt auch im Sommertrainingslager 2014 ein Tag, an dem Jens „10 Uhr: Trainingslauf" an die von den Schülern gebaute, kleine mobile Kreidetafel schreibt. „Oh, Shifu, können wir das verschieben, vielleicht auf 2015?", war eine typische Reaktion eines gewissen Schülers. Nennen wir ihn mal Sascha. „Ich denke darüber nach", ist eine ebenso viel gehörte Antwort von Jens. Wie zu erwarten, führt das Nachdenken des Shifus dazu, dass wir in voller Joggingmontur um 10 Uhr Ortszeit unsere typische Laufstrecke beginnen, trotz des von Sascha vorgebrachten lauten Protestes und des lächelnden Verweises auf die UN-Menschenrechte.

Im gemächlichen Tempo traben wir an Feldern vorbei. Nach kurzer Zeit wird klar, wieso die Geschwindigkeit unterhalb der üblichen liegt. Es soll ein bewegtes Freiluft-Seminar werden. „Dirk, du hast in den letzten Tagen das Dao De Dsching gelesen. Wie würde man den Titel übersetzen?" Nach mehreren Vorschlägen und kritischen Anmerkungen einer der Sinologie kundigen Schülerin einigen wir uns auf eine mögliche Übersetzung des Titels: „Die Lehre vom Dao und dem De". Nun folgen weitere Auseinandersetzungen mit dem Inhalt. Begriffe wie „Wu Wei", Tugend, geschichtliche Zusammenhänge und der Bezug zum Alltag werden besprochen und diskutiert, während wir locker unser Jogging fortsetzen. Jens verlängert die übliche Laufstrecke, um die erlebte Harmonie von Theorie und Praxis in Bewegung nicht vorzeitig unterbrechen zu müssen. Als wir wieder in der Unterkunft ankommen und unsere abschließende Dehnung beendet haben, ist ein wunderschönes Training vorbei. Ein Ausspruch von Jens aus dem Jahre 2003 macht plötzlich mehr Sinn: „Wenn ihr vom Platz geht, müsst ihr euch frei fühlen."

Kampfkunst und Heilkunst

In meinem Beruf als Informatiker wurde ich immer unzufriedener, weil dieser Beruf nicht mein ganzes, menschliches Sein herausfordert, sondern fast ausschließlich die Fähigkeit, die Wirklichkeit in virtuellen Begriffen abzubilden, erfordert. Das führt notwendigerweise dazu, dass man wesentliche Aspekte des Menschseins außen vor lässt. Ich nahm einen länger bestehenden Wunsch, Heilpraktiker zu werden, wieder auf. Ich wollte die Wirklichkeit, die ich durch die Theorie und die Praxis des Übens von Kampfkunst erlebt hatte, stärker in mein Leben integrieren. Ich wollte meine Lebenszeit mit mehr Sinn füllen.

Lange Zeit hatte ich keine zufriedenstellende Antwort, wenn ich gefragt wurde, wie es kommt, dass ein Informatiker Heilpraktiker wird. Aber es war nicht die Antwort, die nicht stimmte, es war die Frage. Die Frage, warum ein Kampfkünstler Heilkünstler sein will, kann ich heute für mich zufriedenstellend beantworten. Weil ein Kampfkünstler auch ein Heilkünstler ist.

Miriam Kuzmanovski
Auf Hiddensee

Ein Jahr ist vergangen. Es ging so schnell dahin. Mit Herausforderungen, Erlebnissen, Begegnungen, Erfahrungen, Fragen, Traurigkeit und Freude. Zeit für eine Zäsur. Zeit für Besinnung. Zeit für mich allein. Ich lasse den Alltag hinter mir und fahre nach Hiddensee.

Hiddensee ist in gewisser Weise das Ende der Welt. Auf einer zweistündigen Fährüberfahrt entschwindet das Festland dem Blick. Alles ist hier irgendwie klein, wenig, auf das Wesentliche reduziert. Kein Konsum. Keine Autos. Keine Freizeitindustrie. Doch Verführungen gibt es durchaus. Einsame Wege. Große Strände. Das weite, rauschende Meer. Das Ankommen fällt leicht. Ich atme tief durch und kann sein.
Das Atmen wollen wir auf Hiddensee mit Jens durch Qigong und Taiji kultivieren.

Der Morgen beginnt früh. Noch keine Menschenseele ist unterwegs. Wir gehen zum Strand und genießen Atem-Qigong im Sonnenaufgang. Mit dem Blick aufs Meer gerichtet inhaliere und umfange ich mit weiten Armen die Welt. Ein genussvoller und energiespendender Start in den Tag.

Die Sonne steigt höher und lockt uns zum nächsten Training an den Strand. Wir sind nicht mehr allein hier und doch finden wir einen guten weiten Trainingsplatz. Jens schöpft aus einem schier unendlichen Reservoir von Qigong Übungen. Es wird nie langweilig. Niemand ist immer überlegen, denn hier werden unterschiedliche Stärken der Teilnehmer sichtbar. Habe ich eines gepackt, kommt mit Sicherheit die nächste Herausforderung. Manchmal spüre ich genau: Diese Übung war gerade für mich gedacht. Es gibt Variationen für Schwangere, Schwache, Ältere, Ungelenke, Ängstliche, Kranke, sprich für Individuelle. Die Teilnehmer unserer Gruppe kommen mit sehr unterschiedlichen Voraussetzungen und Zielen. Doch eines verbindet uns. Wir wollen uns gesund bewegen, im Rahmen unserer Möglichkeiten weiterentwickeln, Energie tanken.

Auf meiner ersten Hiddensee-Reise lernten wir alle die 48er Form des Yang Stils. Ich glaubte zunächst, nachdem ich bei Jens in Berlin die 24er Form des Yang Stils gelernt hatte, dass ich keine Kapazitäten hätte, eine neue Form zu lernen, die noch dazu doppelt so lang ist und in die Diagonalen des Raumes hineinführt. Doch bald schon merkte ich, dass es mir nun schon viel leichter fiel, eine Bewegung zu erfassen, und so tastete ich mich eisern Stück für Stück vorwärts. Hier auf Hiddensee mit dem weiten Blick und dem Rauschen des Meeres machte es mir gar nichts aus, eine Übung immer wieder und wieder zu wiederholen.

Gern hätte ich mich immer wieder auf meinen Teilerfolgen ausgeruht und einfach das Erreichte genossen. Da kam Jens und eröffnete ein neues Stück des Taiji-Universums. Langsam begriff ich, was eine unendliche Lernstufe ist. Nachdem ich mir nun endlich nicht mehr den Kopf über die Bewegungskoordination und Gelenkstellung zerbrechen musste und eine Idee von der Bedeutung der Bewegungen hatte, sollte ich nun auch noch meine individuelle Bewegung finden, Atmen und Energie fließen lassen. Ich genoss es, die Übungen zu vervollkommnen und hätte mich weiterhin bestimmt nur mit dieser einen Form beschäftigt, hätte mich Jens nicht wieder aufgefordert, weiterzugehen. Dazu hatte ich zunächst weiß Gott keine Lust.

Doch dann zeigte er mir die Wolken-Form. Diese Form gehört nun wirklich unter den weiten Himmel von Hiddensee.

So wurde das Trainingsangebot am Strand von Hiddensee immer vielfältiger. Es gibt nun auch Teilnehmer, die den Chen-Stil trainieren und andere, die sich in den Waffenformen üben. Jens legt dabei im Training einige Kilometer durch den Hiddenseer Sand zurück, um jeden einzelnen von uns immer wieder zu korrigieren und weiterzuführen. Staunend sehe ich, wie Jens scheinbar mühelos durch die Formen wandert.

Ich mag es, wenn wir uns nach dem individuellen Einzeltraining auch wieder zu einem Block aufstellen und gemeinsam eine Form laufen. Das Denken entschwindet. Mitschwimmen zählt.

Der Sand rutscht unter den Füßen, ausgerechnet an meinem Platz ist ein Hügel. Hier spüre ich, was es bedeutet, das Gewicht langsam zu verlagern und nicht in den Schritt zu fallen. Ein bisschen Freude am Scheitern ist auch dabei, wenn das Hügelchen unter dem Standfuß dann doch zu rutschen beginnt. Der Sand ist ein wunderbares Medium. Ich sehe meine Spuren. Sie sagen: Das ist Dein Platz. Sie sagen auch: Du bist vom Weg abgekommen. Achte noch einmal mehr auf Deine Laufrichtung. Und dabei gibt es eine Fußmassage gratis. Im feuchten Sand ist die Abkühlung auch gleich mit dabei.

Eine lustige und herausfordernde Erfahrung ist für mich das Laufen einer Form im knie-
tiefen Wasser. Da kann man schon mal den Halt unter den Füßen verlieren. Ich spüre,
wie ich die Muskeln anders beanspruchen muss, um nicht von einer Welle aus dem
Gleichgewicht geworfen zu werden.

Das nenne ich eine flexible Anpassung an veränderte Umgebungsbedingungen. Ein
Prinzip des Lebens bildet sich vor mir ab. Ich werde es mir merken.

Ich spüre die brennende Hitze kaum. Es weht immer eine leichte Briese. Und ziehen
einmal Regenwolken auf, nehme ich die Abkühlung gern an. Ich stehe lieber im Regen
am Strand als im Trainingsraum. Dennoch gut, dass wir ihn haben, wenn es einmal
sehr stürmt oder es sich eingeregnet hat.

Wir trainieren auch am Nachmittag und am Abend. Wir sagen dem Meer in Stille Gute
Nacht. Stehen. Schweigen. Der Wind trägt die Gedanken fort. Die Sonne sinkt ins Meer
und ich in den Schlaf. Und heute weiß ich genau, wovon ich erschöpft bin, und dass
es morgen wieder so sein soll.

Carmen Ott-Neuhaus
Ich möchte ein Fisch im Wasser sein.
Oder: Eintauchen ins Gelbe Meer

Schnell noch den Badeanzug eingepackt in den Reiserucksack nach China, denn wir fahren ja auch ans Meer!

Doch zuvor hatten wir noch einige andere aufregende Stationen zu erforschen. Als allererstes natürlich Bejing, eine sehr ehrgeizige Stadt, die sich von ihrer modernsten Seite zeigen will. Umso verwunschener war dann unser Besuch frühmorgens im Park. Was für eine herrliche Pracht an fröhlichen Menschen, die sich an ihren Gesundheitsübungen erfreuen, wie Paradiesvögel bunt und einzigartig in ihren Ritualen – ein herrliches Nebeneinander an Liebes- und Rudeltänzen. Ich fühlte mich endlich angekommen, verbunden und zu Hause.

Dieses Gefühl machte sich immer wieder in meinem Herzen breit, sobald ich mich morgens in der Nähe von Parks oder kleinen Verkehrsinseln einfand. Und so freute ich mich schon auf das Morgentraining in Qingdao am Strand. Der Blick aus dem Hotelfenster enthüllte Menschen, die mit schnellen Schritten unterwegs waren. Wohin? Zur Arbeit?

Mit noch schnelleren Schritten liefen wir dann kurz darauf unserem Ziel entgegen, mit Bildern von einsamen Stränden im Kopf. Doch was tat sich da auf? Ein riesiges Gewimmel im Meer, voller Leben und Aktivität, gleich einem überfüllten Fischweiher! Wo war mein Badeanzug? Nicht dabei!

Und so wünschte ich mir inbrünstig bei Jens ein weiteres Strandtraining und durfte am nächsten Tag ein kleiner springender Fisch unter vielen bunten Fischen im Gelben Meer sein!

Qingdao Strandpromenade, 2007

Theresa Zinser
Sei freundlich. Immer!

„In jedem Training sollte jeder Schüler mindestens einmal richtig lachen." (Jens)

Das erste Training, das ich bei Jens in meinem Leben hatte, war nach kaum zehn Minuten für mich schon vorbei. Im Übereifer meiner Begeisterung flog ich im hohen Bogen auf den Hintern und verstauchte mir das Handgelenk. Das hinderte mich nicht daran, drei Wochen später mit einer unterschriebenen Anmeldung wiederzukommen und in den folgenden Jahren das Training zu einem bedingungslosen Lebensinhalt für mich zu machen.

Was mich nach meiner Bruchlandung wieder zurück zum Training brachte, war das

Staunen. Ich staunte und wunderte mich, ich war fasziniert und beeindruckt. Im Mittelpunkt dieses Enthusiasmus stand das große Vorbild, das Jens vermittelte. Auch ich wollte mich so bewegen können, ich wollte rollen und fallen, ich wollte treten und springen, ich wollte kämpfen können. Das Training bot das Versprechen, dass man durch dauernde ernsthafte Übung genauso gut werden könne. Sicherlich war ich nicht die Schülerin, die Jens am leichtesten zum Lachen brachte, mit so großem Ernst ging ich an die Sache heran. Jedes verpasste Training war eine Katastrophe für mich. Andere Kinder in meinem Alter, die schon länger bei Jens waren, wurden von mir insgeheim beneidet, weil sie schon diese oder jene Technik beherrschten. Als ein halbes Jahr nach meiner Anmeldung verkündet wurde, dass ich mit ins Trainingslager fahren dürfte, glühte ich vor Stolz.

„Ich kann mir nicht vorstellen, dass irgendwann einmal ein Kind zu mir zum Training kommen möchte." (Theresa)

In den folgenden Jahren erweiterte ich meine sportlichen Fähigkeiten und erlernte viele Techniken. Die Faszination verlor das Training für mich jedoch nicht. Im Gegenteil, ich trainierte immer mehr. Und endlich stand ich in einer Gruppe, in der alle Kinder sehr viel jünger waren als ich, vor einem Jungen und sollte ihm beibringen, dass man bei einem Schrittdiagramm nicht einfach beliebig im Kreis herumläuft. Wie zum Teufel ich das anstellen sollte, war mir ein Rätsel. Dieses Training war der Anfang zu einer neuen Episode. Nun lernte ich nicht mehr nur, wie man diesen oder jenen Schlag ausführte und wie man diese oder jene Form lief. Ich sollte es auch anderen beibringen. Und das war eine Kunst für sich, wie ich bald bemerkte. Ich bekam einen anderen Blick auf das, was Jens leistete. An die Stelle, an der früher die einzelnen Techniken standen, die Jens mit scheinbar unerreichbarer Präzision und Energie ausführte, trat nun ein vermeintlich undurchschaubares Geflecht aus Anweisungen und Methoden, aus Erfahrung und Empathie für den Schüler. Ich sah nicht mehr nur die Kampfkunst, sondern auch das Wunderwerk der Trainingsstunde, das Jens wieder und wieder vollbrachte.

Anfangs war ich überzeugt, dass man das nicht lernen könne. Es schien mir eine geheimnisvolle unerreichbare Begabung zu sein, die Jens in sich trug. Die Leute kamen doch offensichtlich nur zu ihm, weil er war, wie er war. Schritt für Schritt und mit großen Schwierigkeiten brachte mich Jens geduldig zu der Erkenntnis, dass sehr viel mehr dahinter steckt.

„Das ist aber schön, dass du mitmachst!" (Frederike zu meiner Trainingsassistenz)

Das erste Purzeltraining, bei dem ich zusah, war wieder ein Moment des Staunens für mich. Da waren zehn Vierjährige, die in einem kleinen Raum herumsprangen, auf den ersten Blick in völligem Chaos. Und ein Wort von Jens genügte, dass dieser Flohzirkus genau die Übung ausführte, die gerade dran war. Nach dem Training wollten sie kaum den Raum verlassen, geschweige denn Jens gehen lassen, so sehr liebten sie das Purzeln.

Ich stieg nun richtig in die Trainingsassistenz ein. Woche für Woche stellte ich mich der Herausforderung, einem oder sogar zwei Kindern klar vorgegebene Übungen beizubringen. Während wir mit dem Fahrrad dann von einem Trainingsort zum anderen fuhren, stellte Jens Fragen, die mir nie in den Sinn gekommen wären. Jede einzelne Reaktion der Kinder wurde ausgewertet, jede meiner Handlungen musste ich beurteilen und begründen. Ich verstand langsam, dass es Methoden und Strategien gibt, Inhalte zu vermitteln und „Probleme" zu vermeiden. Bald genügten Gespräche nicht mehr, um die neuen Erkenntnisse festzuhalten und ich sollte die Trainings schriftlich auswerten. Die Aufgaben, die Jens mir während des Unterrichts zuwies, wurden komplizierter. Ich bekam mehr Schüler oder sollte mir selbst überlegen, welche Inhalte ich wie vermitteln wollte. Nach und nach wuchs ich in die Rolle der Trainerin hinein und es wurde offensichtlich, dass keine Zauberei dahinter steckt, ein Kind mit Freude Kungfu erlernen zu lassen.

„Wenn man genügend Repertoire hat, kann ein Training nicht schief gehen." (Jens)

Es kam ein großer Tag. Nach Jahren der Assistenz, in der ich unter Jens Aufsicht in seinen Kindergruppen mehr oder weniger schwierige Trainingsteile übernommen hatte, und nach einer umfassenden theoretische Weiterbildung, sollte ich nun meine eigene Gruppe aufmachen. Planung, Durchführung und Auswertung einer Unterrichtsstunde waren zu der Zeit noch lange kein Kinderspiel für mich, und dementsprechend aufgeregt war ich auch. Tatsächlich trainieren noch heute zwei Kinder aus jenen ersten Tagen bei mir. Trotz aller Schwierigkeiten kann ich meine Sache also auch damals nicht allzu schlecht gemacht haben.

Viele Probleme, die mir früher beim Unterrichten unlösbar erschienen, kommen mir heute banal vor. Dennoch stehe ich immer wieder vor neuen Herausforderungen, lerne dazu und versuche kritisch zu überdenken, was ich meinen Kindern im Training biete und auf welche Weise ich das tue. Und wie ich in dem Training bei Jens weiter an meinen Techniken und Fertigkeiten arbeite, arbeite ich in den Trainingsstunden, die ich gebe, immer weiter an mir selbst, meiner Ausstrahlung, meiner Freundlichkeit und meinem Ausdruck. Die Reaktion eines Kindes ist die ehrlichste und unmittelbarste, die man erhalten kann. Ich weiß nach jeder Stunde sofort, ob ich meine Sache gut gemacht habe, weil die Kinder es mir zeigen. Inzwischen gehe ich jeden Donnerstag wieder zutiefst dankbar und zufrieden aus dem Dojo, mit dem Gefühl, eine wertvolle Arbeit zu leisten.

„Die Theresa, die ist gar nicht so streng. Bei der dürfen wir immer spielen."
(Reaktion nach einer Vertretungsstunde)

„Sei freundlich. Immer!" (Jens)

Inzwischen ist eine ganze Generation von Kindern ins Jugendalter herangewachsen, die fast ihr ganzes Leben bei Jens trainieren. Sie stellen das nicht in Frage, sondern werden jede Woche wieder von seinem Unterricht gefangen.

Angela Oberländer
Liebevolle Achtsamkeit

Jens Behrens durfte ich im Oktober 2007 bei der Ausbildung für Ohrakupunktur kennenlernen. Seit April 2008 trainiere ich Taiji und Qigong bei Jens, gelegentlich auch
mal eine Stunde Wushu. Nach Möglichkeit nehme ich an den Meditationsstunden bei
Jens teil. Außerdem besuche ich seit Sommer 2008 jedes Jahr das Taiji-Trainingslager
auf Hiddensee. Zusätzlich habe ich mich 2011 entschlossen, eine Ausbildung als Taiji-
Trainerin für Erwachsene bei Jens zu durchlaufen. Meine Söhne trainieren Wushu bei
Jens und Theresa.

Begonnen habe ich mit der 48er Form des Yang-Stils, die 24er desselben Stils folgte
anschließend. Weiterhin durfte ich die 36er Chen-Form und eine Bo-Form erlernen.
Seit Sommer 2013 erarbeite ich die Taiji-Schwertform. Im Qigong gehören das Atem-
Qigong, das Duft-Qigong, das Tier-Qigong, das Schulter-Qigong nach General Tang
und die Acht Brokate zu den studierten Formen, in das Struktur-Qigong konnte ich
„hineinschnuppern". Beim Wushu ging es darum, die Grundzüge der Fallschule, des
Zweikampfes mit und ohne Waffen und einzelne Grundformen zu erleben.

Die Dao-Kampfkunstschule hat für jede Fachrichtung einen Rahmen-Lehrplan, in dem
das Ausbildungskonzept und die Ausbildungsinhalte definiert sind.

Der Schul-Lehrplan beinhaltet drei Lehrstufen, nach denen jeder Schüler unterrichtet
wird. Ich nutze diese Lernstufen seit vielen Jahren und befinde mich derzeit in den einzelnen Formen in unterschiedlichen Abschnitten. Die Lernstufen wurden von Jens Behrens aus alten Taiji-Prinzipien für seine Schüler entwickelt. Sie geben den Schülern
eine klare Struktur, eine Anleitung zum Üben über viele Jahre. Gleichzeitig bleibt durch
die unterschiedlichen Stufen der Unterricht abwechslungsreich und interessant. Die
Lernstufen ermöglichen es, dass jeder Schüler in seinem eigenen Tempo seine individuelle Entwicklung erleben kann. Und ein gemeinsames Training von Anfängern und
Fortgeschrittenen ist problemlos möglich.

Zu jedem Training gehört auch Theorieunterricht. Es werden Themen von Ernährung
über Gewalttheorie bis hin zu Aspekten der TCM berührt. Die Geschichte der chinesi-

schen Kampfkünste ist ebenso dabei wie Philosophie, Vorträge zu Achtsamkeit, Meditation, Lebensführung. Und natürlich wird das Thema Taiji in allen Aspekten beleuchtet.

In jeder Unterrichtsstunde kommt für mich einer der Grundsätze der Schule klar zum Ausdruck. Jeder Schüler wird in seiner individuellen Entwicklung, auf seinem ganz persönlichen Weg gefördert. Die Festigung oder Erlangung seiner Gesundheit sind das oberste Ziel. Jeder nach seinen Möglichkeiten, in seinem Tempo, auf seine Art und Weise. Es gibt keinerlei Bewertung des Individuums und seiner Art, durch die Welt zu gehen. Respekt und liebevolle Achtsamkeit für jeden Einzelnen ist stetig spürbar, wird sowohl zwischen Schüler und Lehrer als auch zwischen den Schülern untereinander praktiziert. Egal welchen Alters.

Ich empfinde den Unterricht als inhaltlich sehr umfassend und lebensnah. Ohne Druck, ohne Forderung, doch mit maximaler Förderung. Lebendig, interessant und mitreißend. Authentizität wird hier spürbar, jeder zeigt sich früher oder später als der, der er ist. Und bekommt Unterstützung, wenn er sie braucht und in der Form, die notwendig ist.

Die Trainer der Schule, allen voran Shifu Jens, vermitteln die Trainingsinhalte mit Energie, Freude, anfeuernd, bildhaft und sehr anschaulich. Es entsteht eine energiegeladene Atmosphäre, die zum Lernen, zum Bewegen einlädt. Es ist möglich, an seine Grenzen und darüber hinaus zu gehen, sich selbstbestimmt weiterzuentwickeln.

In meinem Leben habe ich lernen dürfen, dass der Mensch notwendige Veränderungen erst schafft, wenn er absolut dazu gezwungen ist.

So war es auch bei mir. Ich habe in einer schweren Krankheitssituation begonnen, unter Anleitung von Shifu Jens Qigong zu praktizieren. Meditation kam parallel hinzu. Mit Hilfe der Trainer und der anderen Schüler und durch das tägliche Üben von Taiji habe ich mich aus einem tiefen Tal herausgearbeitet. Habe die Kraft und den Mut gefunden, mein Leben nahezu vollständig umzukrempeln. Konnte mir die Zeit nehmen, mich selbst in all meinen Facetten kennenzulernen und behutsam meinen Lebensstil meinen Bedürfnissen anzupassen.

Taiji ist zu einem Hauptbestandteil meines Lebens geworden. Ich praktiziere täglich. Manchmal nur in Gedanken, doch auch so bewege ich mein Qi. Ich habe gelernt, auf meinen Körper zu hören, früher störende Missempfindungen dankbar als Warnsignale meines Körpers oder meiner Seele zu achten.

Taiji und Daoismus als Denkweise durchziehen mittlerweile alle Lebensbereiche. Veränderungen in der Ernährung, den Lebensgewohnheiten im Alltag waren die ersten Folgen. Der Natur, meiner Natur näherkommen, ist das Ziel für mich. Mich aus einer langjährigen Ehe zu lösen, achtsam und liebevoll, ist eine der gravierendsten Veränderungen. Ich als Persönlichkeit habe mich insofern verändert, als dass ich die zeige, die ich wirklich bin. Lebe so, wie ich es als stimmig empfinde. Gehe Kompromisse ein, ohne mich zu verbiegen. Lerne Dinge, eröffne mir Horizonte, von denen ich nicht mal geträumt hätte. Erfahre, wie es ist zu geben, ohne etwas zu erwarten. Lebe.

Was ich als besonders wertvoll empfinde, ist der liebvolle, achtsame Freiraum, der durch Wertungsfreiheit und fehlenden Leistungsdruck entsteht. Die unausgesprochene Einladung, meinen Weg zu gehen und alles zu verändern.

Alles ist möglich. Wenn ich es will. In dieser Schule herrschen Freiheit des Geistes und des Herzens. Danke.

Marlis Matzdorf
Freundlich auf die Sprünge helfen

Wenn ein Buch geschrieben wird, muss ich als altes Urgestein etwas dazu beitragen. Seit 11 Jahren versuche ich beharrlich, Körper und Geist in Einklang zu bringen. Mein Trainer Jens unterstützt mich mit bewundernswerter Geduld dabei.

Ich lerne jetzt die vierte Form und immer, wenn ich einige Passagen wieder vergessen habe, hilft Jens mir ganz freundlich auf die Sprünge. Und schon macht es wieder Spaß.

Seine Begeisterung ist so ansteckend, dass ich immer wieder gerne zum Training komme. Einmal in Jahr gibt es eine Aktionswoche auf der Insel Hiddensee, darauf freue ich mich ganz besonders.

Dörte Michaelis
Dialog der Künste

Zeichnung: Dörte Michaelis

Als ich 1997 oder 1998 Jens Behrens kennenlernte und gleich in einen Kurs einstieg, hatte er schon einige Zeit an der Wismarer Volkshochschule Unterricht gegeben. Dank seines großen persönlichen Einsatzes entwickelte sich daraus eine kleine begeisterte Gruppe, die monatlich einen intensiven Wochenendkurs bestritt – in einem klaren großen Raum im Gutshaus Ilow, mitten in Mecklenburg. Als er sich 2003 zurückzog, hinterließ er eine große Lücke.

An der Arbeit von Jens begeisterte mich von Anbeginn sein fundamentales Wissen und Können, die ernsthafte und liebevolle Art der Vermittlung und vor allem, dass er gleichermaßen Meditation, Gesundheit und Kampf thematisierte. Ich mochte die engagierten Gespräche mit Jens und auch den kameradschaftlichen Umgang der Schüler untereinander. Nicht nur die theoretischen Wurzeln des Daoismus haben mein Denken beeinflusst. Ich hatte auch Spaß an Waffentechniken und genoss das wachsende Selbstbewusstsein beim Üben von Selbstverteidigungstechniken, um nur einige Punkte zu nennen. Ich wünschte, ich hätte einen so authentischen Unterricht schon als Kind kennenlernen dürfen! So war es fast ein bisschen spät. Trotzdem habe ich etwa zehn Jahre bei Jens trainiert – in Mecklenburg-Vorpommern und auch in einigen seiner Trainingslager. Im Jahre 2002 hatten wir beide die Idee, uns dem Thema Taiji in einem Grafik-Projekt zu nähern – quasi in einem Dialog der Künste. Jens als Vollblut-Kampfkünstler, Wissenschaftler, Philosoph und Heiler, ich als Absolventin der Hochschule Burg Giebichenstein in Halle, die im Taiji einen Weg gefunden hat, sich persönlich in jeder Hinsicht weiterzuentwickeln. Wir wollten ganz verschiedene Aspekte des Taiji beleuchten. Es entstand eine inhomogene Serie von zwölf Grafiken in den Techniken Aquatinta mit ihren malerischen Qualitäten sowie Kaltnadelradierung mit der Betonung eher zeichnerischer Aspekte. Viele intensive Gespräche mit Jens, ein gewisser Sog der Erwartung und großes Vertrauen begleiteten das Projekt. Manche Blätter erfuhren eine Korrektur, wie ein Schüler im Training. Einige meiner Figuren hatten z.B. die gleichen Haltungsfehler wie ich.

Der eigentliche Moment des Arbeitens war aber nicht gesteuert von solchen Überlegungen. Die meist figürlichen Motive gehorchten keiner logischen Abfolge, außer vielleicht die „Meditation" als Anfangs- und der „Daoistische Gruß" als Schlussblatt. Sie hatten aber alle einen inneren Bezug zum Thema. Jens zeigte diese Arbeiten in seiner Wohnungsgalerie am Friedrichshain – im Rahmen einer Minerva-Ausstellung.

Ich bin sehr froh, über diese Zeit meines Lebens, die mich, auch wenn ich jetzt leider nicht mehr aktiv bin, sehr geprägt hat. Vielen Dank Jens! Und alles Gute weiterhin Dir und Deiner Familie!

Zeichnung: Dörte Michaelis

Daniela Wisotzki
Qigong in den Alpen

Schon lange interessiere ich mich für die Traditionelle Chinesische Medizin. Vor ein paar Monaten riet mir eine chinesische Ärztin, Qigong zu erlernen. Auf Empfehlung von Freunden machte ich dann eine Probestunde bei Shifu Jens – und blieb.

Die einfachen und leicht zu erlernenden Übungen in konzentrierter Ruhe begeistern mich und bewirken eine lange anhaltende Harmonie von Körper, Geist und Seele. Mit Qigong werden verborgene Energiequellen entdeckt, die ich pflegen und aktivieren möchte, um Krankheiten zu heilen und mein Immunsystem zu stärken.

Sehr interessant macht die Stunde außerdem, dass uns Jens zusätzlich viel Wissenswertes über das Qigong berichtet – über Entstehung, Hintergründe, Anwendungen und praxisnahe Beispiele.

Ich habe dann auch bald bei Jens mit Taiji angefangen, also mit Kampfkunst und Bewegungs-Meditation. Bei den einzelnen Schritt-für-Schritt-Übungen (Bildern) könnte Mann/Frau manchmal verzweifeln, aber sie lehren (besonders auch mich), dass Geduld, Freude und stetiges Bemühen zum Erfolg führen können.

Seit ein paar Wochen lernt nun mein Sohn Moritz Dao-Wushu (Kampfkunst) – natürlich auch bei Shifu Jens!

Hannelore Hänel

Gesunden durch chinesische Übungen

Ich bin schon sehr lange bei Jens Behrens. Der damalige Ausgangspunkt war die Beschäftigung mit Taiji und Qigong in seinen Kursen. Das hat mir geholfen, ein neues Körpergefühl zu entwickeln. Dazu gehören zum Beispiel das richtige Stehen, die zentrierte Atmung, grundlegende Koordination und die Kräftigung der Muskulatur.

Verschiedene Taiji-Formen zu lernen, fiel mir schwer. Besonders schwierig war für mich, die Bewegungsabläufe in Verbindung mit der Atmung in einem langsamen Tempo zu trainieren. Die Konzentration darauf war nicht nur positiv für meinen Körper, sondern auch für meinen Geist und die Seele. Werden doch dabei alle anderen Zusammenhänge ausgeblendet.

Diese Übungen haben mir auch geholfen, meine Probleme im Lendenwirbelsäulenbereich in den Griff zu kriegen, so dass ich seit sieben Jahren hierfür keine orthopädischen Behandlungen mehr benötige.

Abgesehen von den Trainings bin ich seit Jahren bei Jens Behrens in heilpraktischer Behandlung.

Roy Klee
Den Himmel halten

Qigong bei Jens Behrens -
Was ich gelernt habe:

Qigong ist Teil meines Lebens.

Habe gelernt, es mitzunehmen.
Einzubauen in den Tag.
Kraft zu schöpfen für den Tag.
Einzubauen in das Leben.
Lernen für das Leben.

Den Moment zu feiern.
Den Moment zu teilen.

Elke Böttcher
Dao-Qigong in Berlin

Im Frühjahr 2011 war ich das erste Mal im Dao-Studio zum Probetraining. Nach einem Wochenendkurs „Qigong" an der Volkshochschule kam mir diese Stunde bei Jens wie der plötzliche Einstieg in den Leistungssport vor. Im Bus dachte ich noch, da gehst Du nie wieder hin, das ist viel zu anstrengend. Als ich jedoch zu Hause in meiner Wohnung beim Tee saß, hatte das Studio etwas Magisches, das mich anzog. Und so ist es noch immer: Sobald ich das Dojo betrete, bin ich wie in einer anderen Welt.

Seit meiner zweiten Krebserkrankung 2012 lasse ich mich von Jens begleitend mit Tees behandeln und habe die Kurse „Duft-Qigong I" und „Einführung in die TCM" mitgemacht. Jens zieht dann nicht sein Programm steif durch, sondern geht auf Fragen ein, kommt ins Philosophieren - und die Zeit vergeht wie im Flug. Durch seine langen

Studienaufenthalte in China hat er ein enormes Wissen. Neben Qigong und TCM kennt er sich sehr gut in der Geschichte Chinas und natürlich auch in der aktuellen politischen Entwicklung aus.

Der Tee mit den chinesischen Kräutern wird mich noch ein Stück begleiten, und manchmal besinne ich mich auf einen ganz speziellen Ratschlag. In Bezug auf meine Beschwerden fragte mich Jens, welche Sorgen mich belasten. Ich sollte diese aufschreiben und in ein Kissen stecken. Da dachte ich erst, ich kann doch meine Tochter nicht ins Kissen stecken (nach ihrem Umzug von New York nach Phönix hatte ich beim Telefonieren öfter das Gefühl, dass es ihr dort nicht gut geht). Und welch Wunder, nach etwa drei Wochen kam ein Anruf, dass sie sich entschieden haben, wieder nach Deutschland zu kommen. Nach etwa acht Jahren im Ausland wohnt sie seit über einem Jahr mit ihrem Mann und den beiden Kindern in Süddeutschland. Und so haben sich einige Sorgen, deren Ursprung außerhalb meiner eigenen Verantwortung liegt, einfach im Kissen aufgelöst.

Natürlich bin ich nicht immer dran geblieben am Qigong, habe es zwischendurch mal mit Reha-Sport und der Mitgliedschaft in einem Sportstudio probiert. Aber bald hatte ich dann wieder eine Zehnerkarte fürs Training. Und seit einigen Monaten bin ich wieder regelmäßig beim Qigong.

Evelyn Sommerfeldt
Wenn ich übe

Mein zweiter Anlauf mich mit Taiji zu beschäftigen, begann mit der Anmeldung zum Trainingslager auf der Insel Hiddensee. Mich hat es gereizt, mal wieder auf der Insel zu sein, verbunden mit der Hoffnung auf Abschalten und Entspannung. Auf Anraten von Jens habe ich dann schon vorher mit dem Training angefangen, um nicht als ganz „blutige" Anfängerin mit all den „Profis" am Strand zu stehen. Das war auch gut so. Nach dem zweiten Tag im Trainingslager habe ich mich trotzdem gefragt, worauf ich mich nur eingelassen habe. Es war nicht leicht und vor allem ungewohnt, so viele Stunden am Tag und jeden Tag zu trainieren. Ein richtig fauler Tag wäre mir sehr lieb gewesen. Das soll Entspannung sein?

Als ich mich so richtig an das Meditieren und Trainieren gewöhnt hatte, war die Zeit um. Jetzt, einige Wochen danach, bin ich froh, dass ich dabei war. Ich habe durchgehalten, neue Bilder gelernt und wunderbar abgeschaltet. Wenn ich übe, dann sehe ich den Strand und das Meer und freue mich auf den nächsten Sommer.

Detlef Günther
DAO-Meditation, ein Juwel

Jens' Meditationskurs ist besonders: Jens hat eine Methode der Vermittlung entwickelt, die es sowohl dem Anfänger, als auch dem fortgeschritten Übenden ermöglicht, sich in der Praxis der Meditation einzufinden. Jens vermittelt hierbei sowohl theoretische als auch praktisch orientierte Übungen aus verschiedenen Meditationsmethoden, die niemals verwirren oder im Ablauf etwa so schnell ausgeführt werden, dass man als Übender nicht mehr hinterherkommen könnte, wie ich das von anderen Lehrern kenne.

Ich selbst hatte schon verschiedene Meditationslehrer. Nachdem ich die Arbeitsweise von Jens kennengelernt hatte, war ich von seiner einfühlsamen, klar strukturierten und theoretisch fundierten Methode gleichsam berührt wie begeistert. Jens hat das Wissen von verschiedenen Meistern, aus verschiedenen Klöstern zusammengetragen und auf eine einzigartige Weise in seinen Meditationskurs integriert.

Jens' Meditationslehre ist ein Juwel für jeden, der die Praxis des friedvollen Kampfes weiter ausbauen und vertiefen möchte, und für jeden, der etwas mehr über sich selbst kennenlernen möchte.

Öl auf Papier: Detlef Günther

Anna Hajnal
Seit ich vier bin

Ich trainiere, seit ich vier Jahre alt bin, bei Jens. Ich lerne viele Arten der Selbstverteidigung und auch Zählen auf Chinesisch. Mir macht es viel Spaß. Sehr besonders an
Jens finde ich, dass wir nicht unter Druck stehen und keine Wettkämpfe machen. Seit
ich bei Jens trainiere, habe ich parallel außerdem noch viele Sportarten gemacht, aber
keine von denen habe ich so lange gemacht, wie das Training bei Jens. Warum? Ich
finde, Jens passt auf jeden Schüler einzeln auf und hilft ihm.

Wir lernen auch über den Körper, wie wir ihn schützen bzw. ihn gesund halten können.

Es ist auch toll, dass wir ausgelassen, aber gleichzeitig auch diszipliniert am Training
teilnehmen! Auch außerhalb des Unterrichts denke ich oft nach, was wir gelernt haben
beim Dao-Training.

Auf dem Bild meditiere ich vor ein paar Jahren in Kroatien.

Jens ist toll!

Jerome Günther
Acht Jahre Wushu bei Jens

Ich bin 14 Jahre alt und mache Wushu nun schon seitdem ich sechs Jahre alt bin, und ich lerne jedesmal etwas Neues dazu. Das Training macht mir sehr viel Spaß, weil Jens ein Shifu ist, der streng aber auch richtig humorvoll sein kann. Und für mich macht das einen guten Shifu aus.

Der Grund, wieso ich überhaupt mit dem Kampfsport angefangen habe, ist der: Ich wurde früher in der dritten Klasse von einem Jungen geägert und wollte mich wehren, war aber viel kleiner als der andere Junge. Also fing ich mit Wushu an und merkte bald, dass dahinter viel mehr steckt als Kampfsport.

Ich trainierte weiter mit meinem Freund Hauke und es entwickelte sich eine gute und feste Gruppe, in der es sehr viel Spaß macht zu trainieren. Und ich muss sagen, dass mich das Training schon etwas verändert hat. Zum Beispiel gucke ich mir erst die Situationen an und greife dann erst ein oder ich gehe einfach aus dem Weg. Das lehrten mich besonders zwei weise Sprüche:

> „Der beste Kampf ist der, der nicht gekämpft wird." Und:
> „Wenn du kämpfst, dann kämpfe so, dass du nicht getroffen wirst."

Also Jens, weiter so und danke für alles!

Zoe Niesner und Julie Kösling
Der extrem aufschlussreiche Trainingsablaufplan

17:00 Uhr, das Training beginnt!

Wir sind da! Wir versammeln uns in einem wohl geformten Kreis und schließen bedächtig unsere Augen. Langsam atmen wir ein und aus. Unser Shifu lässt die Klangschale erklingen und wir öffnen bedächtig unsere Augenlider. Sie sind ein bisschen schwer geworden beim Meditieren.

Nun stellen wir uns im prunkvollen Saal verteilt auf und machen Atem-Qigong. Danach sind unsere Augen noch schwerer. Die Erwärmung beginnt. Wir werden wach. Es folgen die Liegestütze. Nun kommt der schwindelerregendste Teil: das Rollen und Fallen sowie die Hechtrollen. Unsere Mitgenossen und wir beide stellen uns in einer Schlange auf und fangen mit dem Einrollen an. Nachdem jeder sich mindestens eine Sache gebrochen hat, sei es Nase, Ohrläppchen, Zunge etc., kommt das Kopfstandtraining an die Reihe.

Jeder bückt sich und verlagert sein Gewicht auf seinen Kopf und seine zwei Hände. Manchen entweichen unschöne Geräusche wie Pupse, laute Atemzüge oder Hickser. Doch das stehen wir problemlos durch!

Jetzt kommt der Teil für die eitlen Leute unter uns. Wir stellen uns vor die Spiegelwand und bewundern uns. Das gibt uns mehr Selbstvertrauen und wir lernen, unser Qi in die verschiedensten Körperteile zu schicken.

Und wie immer kommt das Beste zum Schluss! Wir spielen Katz und Maus! Das ist das schönste und lustigste Spiel. Wir stehlen uns feine Häppchen aus dem Raum der Köstlichkeiten.

Im Nu ist das Spiel vorbei. Wir befinden uns wieder in einem wohl gerundeten Kreis. Die Augenlider schließen sich, wir atmen tief ein und tief wieder aus. Unser extrem intelligenter Meistershifu gibt das Signal zum Aufwachen. Wir stehen auf, verbeugen uns und verabschieden uns gesittet.

17:45 Uhr, das Training ist vorbei!

Wir sind noch da! Wir schälen uns aus unseren Trainingsklamotten und dann... sind wir weg!

Veit Tempich
DAO-Wushu in Berlin

Das Leben im Dojo wirkt vielfältig.

Es ist eine lebendige Gemeinschaft,
ein Zusammentreffen vieler,
ein Kommen und Gehen,
ein Raum der Gesundheit
und der positiven Erfahrung.

Diese Kunst strahlt aus, pulsiert,
schärft die Wahrnehmung.

Danke für diesen Weg!

Arlette Behrens
Training in einer Familie

August 2002. Bis dahin hatte ich schon vier Jahre bei Jens Wushu, Taiji und Qigong trainiert. Es war ein heißer Sommer und wir fuhren ins allererste Sommer-Trainingslager auf den Berg Svatobor im Böhmerwald.

Hochschwanger war der Aufstieg für mich schon sehr beschwerlich, doch ließ ich mir das Zuschauen bei den Trainings nicht nehmen. Bis unmittelbar dahin hatte ich mit Paula im Bauch noch an den Trainings teilgenommen und sogar noch die Vorwärts- und Rückwärtsrollen in der Fallschule geschafft. Das tägliche Atem-Qigong begleitete mich auch jetzt noch jeden Morgen. Und so war unsere Paula, noch ungeboren, schon bei Papas Trainings dabei.

Ein Jahr später fand das Sommertrainingslager wieder auf einem Berg, diesmal im

Riesengebirge, statt. Paula war gerade neun Monate alt und eine geduldige Beobach-
terin bei den Trainings. Eine Extremwanderung auf die Schneekoppe mit verschiedenen Trainingseinheiten verbrachte sie im Tragetuch ganz dicht bei ihrem Papa, dem
Trainer. Nur selten ließ mir Paula Zeit für mein Qigong-Training.

Im darauf folgenden Jahr war Paula mit knapp zwei Jahren in Mittelschweden schon
recht aktiv dabei. Sie drehte den Kurzstock, der bei ihrer Körpergröße eher ein Langstock war, und machte die Dehnungsübungen mit. Auch übernahm sie gern die Trai-
nerrolle ihres Papas: „Gegendehnen" war eines ihrer liebsten Wörter und blieb vielen
Teilnehmern in Erinnerung.

Mit dreieinhalb Jahren besuchte Paula dann natürlich das DAO-Kindertraining in Ber-
lin-Friedrichshain. Später wohnten wir dann in einem kleinen Örtchen am Stadtrand.
Paula fuhr jeden Montag mit dem Papa nach Berlin und nahm an allen drei Kindertrai-
nings hintereinander teil. Einige Erinnerungen daran sind ihr heute noch präsent, zum
Beispiel bestimmte Reaktionsübungen mit dem Gürtel und natürlich die Fallschule.
Auch Übungen der Selbstverteidigung übt sie noch heute manchmal mit dem Papa.
Das will inzwischen auch schon immer öfters ihr kleiner Bruder Max.

In den kommenden Trainingslagern gehörte Paula selbstverständlich dazu. Ob bei der
Meditation, beim Kampf, beim Taiji oder bei der Dehnung – Paula war immer mit viel
Energie dabei. Im Pfingsttrainingslager im Jahr 2013 hielt sie als jüngste Teilnehmerin
sogar die einstündige stehende Meditation durch; unglaublich! Und da freuten sich
auch viele, die schon 2002 auf dem Svatobor dabei waren. Es ist ja fast wie in einer
Familie.

Sicher wurden über all´ die Jahre intensiver Erfahrungen und intensiven Erlebens die
Grundlagen für ihre heute außerordentliche Kraft, Ausdauer, Koordination, Dehnung
und ihren Ehrgeiz gelegt. Überspagat und Handstandüberschlag gehören nun zu ihrem
normalen Repertoire. Stundenlange Trainings an mehreren Tagen die Woche sind ihr
Alltag. Inzwischen ist das Tanzen ihr ein und alles. Sie verbindet nun die jahrelange

Körperarbeit mit der Musik. Immerhin hatte sie vor dem Tanzen auch viele Jahre Flöte und später auch Gitarre gelernt. Im Tanz kann sie nun alles voll ausleben.

Und auch ich habe nun seit ein paar Jahren wieder Zeit, mich meinen täglichen Qigong- und Taiji-Übungen auf unserer eigenen, mit viel Energie angelegten, wunderschönen Trainingswiese in unserem kleinen idyllischen Brandenburger Dörfchen zu widmen. Am Morgen, wenn alle noch schlafen, bevor unsere doch recht arbeitsreichen Tage beginnen, geben sie mir immer wieder Ruhe und Kraft.

Manchmal, nur manchmal, in den Ferien oder am Wochenende, haben wir Zeit und laufen gemeinsam eine Taiji-Form. Oder Jens zeigt mir ein neues Bild einer neuen Form.

Biografisches Nachwort

Andreas Trampe
Jens Behrens. Kampfkünstler - Heiler - Philosoph

Im Sommer 2014 reisten einige deutsche Heilpraktiker und Ärzte nach China, um dort ihr mehrjähriges Studium der Traditionellen Chinesischen Medizin zu beenden. An der Zhejiang Chinese Medical University in Hangzhou legten sie ihre Prüfungen ab - 8.400 km Luftlinie entfernt von Berlin.

Zu den Absolventen gehörte auch Jens Behrens, Gründer und Betreiber der DAO Kampfkunstschule & Naturheilpraxis in Berlin-Friedrichshain. Die Prüfung markierte für ihn den Höhe- und Schlusspunkt eines berufsbegleitenden Studiums in Hangzhou, Köln und Berlin – mit allem, was dazu gehört: Seminare, schriftliche Hausarbeiten, klinische Praktika sowie eine umfangreiche Abschlussarbeit zu einem medizinischen

Spezialthema. Und das in weiten Teilen auf Englisch und Chinesisch. Und auf eigene Kosten sowieso.

Viele seiner Schüler und Patienten fragten sich damals, warum Jens diese enormen Strapazen auf sich genommen hat, wo doch seine Kampfkunstschule und seine beiden Praxen in Berlin und Freudenberg schon seit Jahren gut liefen? Welches waren die Beweggründe, die Motive für diese Anstrengung? Was war sein akademischer, sein beruflicher, sein fachlicher Hintergrund? Und worin wurzelte sein Interesse an Asien, an chinesischer Philosophie, an den Kampf- und Heilkünsten?

Seine frühe Jugend verbrachte Jens vor allem auf Sportplätzen und in Übungshallen. Die erste asiatische Kampfsportart, die er als 13-Jähriger trainierte, war Judo; schon nach vierjährigem Training ließ er sich zum Übungsleiter ausbilden. Als Abiturient lebte er im Internat. Nach dem Unterricht trainierte er die Judokas der Kinderauswahl und nahm selbst an Meisterschaften teil.

Als harten biographischen Einschnitt erlebte Jens seine Armeezeit. Zuflucht fand er bei einigen Gleichgesinnten und in der Literatur – in Büchern von Christa Wolf, Volker Braun, Brigitte Reimann, Franz Fühmann und anderen.

Das 1986 an der Leipziger Universität begonnene Philosophie-Studium verband Jens von Anbeginn mit einem kritischen Anspruch: Er wollte den leibhaftig erfahrenen Widersprüchen auf den Grund gehen, sie zur Diskussion stellen und Alternativen entwickeln. Das hinlänglich bekannte, auch in zahlreichen Vorlesungen und Seminaren gepredigte Weltbild der Staatspartei hatte für ihn längst jede Glaubwürdigkeit verloren, zumal die Oberen sich allen Debatten um Glasnost und Perestroika beharrlich verweigerten. Wir beide studierten damals in parallelen Seminargruppen und fühlten uns wie Fremde. Auf einer Studienreise nach Bulgarien im Sommer 1987 freundeten wir uns an: Kaum zu glauben, da war doch noch jemand, der ähnlich dachte! Mir hat diese Freundschaft geholfen, die verrückte Zeit in Leipzig gelassen und heiter zu überstehen. Ziemlich schnell fand Jens „seine" Theoretiker, die er bis ins Detail studierte und interpretierte – Hegel, Marx, Luxemburg, später dann Horkheimer, Marcuse, Habermas, Foucault. Und ebenso zügig definierte er die ihn interessierenden philosophischen Themen – Aufklärung, Wirklichkeitsbegriff, Geschichte und Potentiale des Kritikbegriffs, Kritische Theorie. Dass er den Kritikbegriff zu seinem Forschungsgegenstand erklärte, empfanden einige Philosophie-Professoren noch in der Endphase der DDR als pure Provokation.

Die Friedliche Revolution von 1989 erlebte Jens auch als persönlichen Aufbruch, als großartige Chance. Er war nicht nur bei den Montagsdemonstrationen auf dem Leipziger Ring dabei, sondern beteiligte sich hochmotiviert an den Erneuerungsprozessen im Hochschulbereich. Als politisch engagierter Studentenvertreter des Instituts für Philosophie (damals noch „Sektion") zählte er zu den Konzeptentwicklern und Mitbegründern des Studentenrates an der Leipziger Universität. Die versammelte Studentenschaft wählte ihn zum Sprecher des Studentenrates – dem ersten demokratisch legitimierten Gremium der Alma Mater seit Jahrzehnten.

Umbrüche und Neuanfänge bedürfen immer auch der intellektuellen Anstrengung, das war schon damals seine Maxime. Die europäische Demokratie- und Modernediskussion interessierte ihn ebenso wie die Geschichte der Studentenbewegung und der APO in der alten Bundesrepublik. Ich selbst verbrachte das Jahr 1989/90 als Gast an der Sofioter Universität – ohne Telefonanschluss, ohne Fernseher, ohne Radio. Internet und Smartphones gab es damals noch nicht. Von den Aktivitäten meines Freundes erfuhr ich jeweils mit erheblicher Verspätung – aus seinen Briefen und aus Zeitungen und Zeitschriften, die manchmal in der Universitätsbibliothek auslagen. Besonders gut erinnere ich mich an ein Interview, das er dem „Spiegel" gegeben hatte. Es gab nur ein Problem: Wenn ich diese Zeitungen und Zeitschriften in die Hände bekam, waren sie mindestens zehn Tage alt. Ich hinkte also den dramatischen Ereignissen in der Heimat gedanklich hinterher und fühlte mich wie abgehängt.

Die radikale Veränderung des politischen Klimas in Leipzig veranlasste Jens Anfang 1990 nach Berlin umzuziehen. Er setzte an der Humboldt-Universität sein Studium der Philosophie und Kulturwissenschaft fort. Über die aufwühlenden Ereignisse jener Zeit verfasste er einen spannenden autobiographischen Text, der 1992 in dem Sammelband „Demonteure. Biographien des Leipziger Herbstes" im Aisthesis Verlag Bielefeld erschienen ist.

Nach Abschluss seines Studiums nahm Jens eine Stelle beim Bezirksbürgermeister von Prenzlauer Berg an. Er beschäftigte sich in einer aus Geisteswissenschaftlern und Psychologen zusammengesetzten Projektgruppe mit akuten Problemfeldern der Kinder- und Jugendarbeit in Berlin, speziell mit soziokulturellen und gesundheitspolitischen Fragen. Und wieder engagierte er sich mit überdurchschnittlichem Kraft- und Zeitaufwand: Die Ergebnisse seiner Recherchen publizierte er 1995 in der im Logos Verlag Berlin herausgegebenen und bis heute lesenswerten Modell-Studie „Wat willst'n? Prenzlauer Berg – ein kinderfreundlicher Stadtbezirk".

Anschließend ließ er sich zum Referenten für Öffentlichkeitsarbeit ausbilden und arbeitete dann in Potsdam als Kulturentwicklungsplaner der Landesarbeitsgemeinschaft Kulturpädagogische Einrichtungen Brandenburgs. Auch in dieser Position interessierten ihn nicht nur strukturelle, technische Fragen, sondern die konkreten Voraussetzungen, Möglichkeiten und Folgen kulturpolitischen Handelns. An diesem Punkt setzte seine Kritik an. Im Jahre 2000 legte er die viel diskutierte Publikation „Flugversuche II. Ergebnisse der Kulturentwicklungsplanung der LAG Kulturpädagogische Einrichtungen Brandenburgs e.V." vor. Dieses Buch ist aus einer sozial wie politisch engagierten Perspektive verfasst und profitiert vom beneidenswert ausgeprägten methodisch-analytischen Vermögen ihres Autors.

Ende der 90er Jahre hatte Jens für sich die Frage zu beantworten, was er künftig beruflich machen wolle. Seine eigentliche Leidenschaft galt den asiatischen Kampfkünsten und ihren kulturellen Kontexten auf der einen Seite, der klassischen und neuzeitlichen Philosophie sowie der Kritik der Moderne auf der anderen.

Nachdem er Mitte der 1980er Jahre erste Schwertkampf- und Shotokan-Karate-Ausbildungen absolviert hatte, nahm er diese Trainings Anfang der 1990er Jahre wieder auf. Nun war es endlich möglich, direkt bei Meistern aus China und Japan zu lernen und selbst durch die Welt zu reisen. Prägende Lehrer dieser Zeit waren Zhang Xiao Ping (Taiji, Qigong) und Hanshi Isao Ichikawa (Karate Doshinkan). In einer Berliner Kungfu-Schule absolvierte Jens eine langjährige intensive Ausbildung in verschiedenen Kampf- und Waffenkünsten sowie in Sportwissenschaft.

Und es dauerte nicht lange, bis er auch seine Trainertätigkeit wieder aufnahm. Sein erstes Berliner „Dojo" war eine alte Motorradwerkstatt in Berlin-Mitte, die in jener Zeit als Atelier fungierte. Hier trafen sich Gleichgesinnte, um gemeinsam zu üben. Sein ers-

ter regulärer Kurs startete 1995 an einem politisch wie emotional aufgeladenen Ort –
dem ehemaligen Todesstreifen an der Bernauer Straße, der Schnittstelle zwischen
Mitte und Wedding, zwischen Ost- und West-Berlin. Genau hier hatte einst die Ver-
söhnungskirche gestanden, die erst 1985 (!) auf Veranlassung der DDR-Regierung ge-
sprengt worden war. Mit Pfarrer Manfred Fischer fand Jens dort einen
Gesprächspartner, der – aus Frankfurt am Main kommend – ebenfalls einen intensiven
Bezug zur Kritischen Theorie hatte. Beide verstanden sich auf Anhieb. Im Sommer trainiert Jens im Freien und im Winter im Gemeindezentrum. Manfred Fischer nahm selbst
am Taiji-Training teil, ich auch. Was mich schon damals, Mitte der 90er Jahre, faszi-
nierte, war die Altersmischung im Kurs: Junge Schüler, acht oder neun Jahre alt, trainierten gemeinsam mit 20-, 40- und über 60-Jährigen!

Dieser generationenübergreifende Ansatz ist
auch heute noch ein Markenzeichen der Arbeit
von Jens Behrens, neben der gesundheitsför-
dernden Ausrichtung all seiner Angebote. Manfred Fischer war von der Arbeitsweise seines
Kampfkunsttrainers derart begeistert, dass er ihn
in den Konfirmandenunterricht der Versöhnungsgemeinde eingebunden hat. Dem Pfarrer war
aufgefallen, dass die Konfirmanden in Jens' Kursen einen enormen Zugewinn an Selbstbewusstsein, Kraft und Lebensfreude erfuhren.

Als die Räumlichkeiten der Versöhnungsgemeinde dem neu entstehenden Dokumen-
tationszentrum Berliner Mauer zur Verfügung gestellt wurden, musste Jens neue
Übungsräume finden. Und dies war nicht einfach, schließlich sollten die Mietkosten
im Interesse der Teilnehmer gering gehalten werden. Die Nachfrage an seinen Kursen
stieg und stieg – und damit auch der Raumbedarf. Wir trainierten an immer neuen
Orten: in einem Weddinger Seniorenheim, in einer Grundschule am Arkonaplatz, im
Jugendkulturzentrum Schwedter Straße, in einem Kindergarten in Pankow, in der Ai-
kido-Schule Milastraße, in einer Tanz-Schule an der Schönhauser Allee, in einem Cai-
porea-Studio in Mitte usw.

Seit 1996 bietet Jens auch Trainingslager an – regelmäßig zu Pfingsten und im Sommer. Diese Lager erfreuen sich großer Beliebtheit, die Plätze sind rar.

Kennzeichnend für die Arbeit von Jens ist, dass er nicht nur Kampftechniken und Bewegungsabläufe vermittelt, sondern sich ebenso intensiv mit der Philosophie und Geschichte der Kampfkünste sowie ihrer Bedeutung für Körper und Geist befasst. Der gesundheitsfördernde Aspekt war und ist ihm immer wichtiger als die Teilnahme an Wettkämpfen und Schauvorführungen. Und so war es nur konsequent, dass er im Jahre 2002 eine zweijährige Ausbildung zum Qigong-Lehrer der Traditionellen Chinesischen Medizin (German Qigong Association) aufnahm. Anschließend folgten eine Heilpraktiker-Ausbildung – mit erfolgreicher Amtsarzt-Prüfung – sowie intensive Schulungen in Akupunktur, Zungen- und Pulsdiagnostik, chinesischer Arzneimittellehre. Die Entscheidung, die gesammelten Kenntnisse, Fähigkeiten und Qualifikationen in Sachen Kampfkunst und TCM zu bündeln und daraus einen selbstdefinierten Beruf zu machen, ist in jenen Jahren gereift.

Seit 2003 arbeitet Jens als selbstständiger Kampfkunstlehrer. Zunächst war er an wechselnden Orten, in unterschiedlichen Einrichtungen und für verschiedene Zielgruppen tätig: Er gab Taiji-Unterricht für gestresste Manager in einem Trainingscenter am Adenauerplatz. Seinen Schülerinnen und Schülern bot er Kurse in der Warschauer Straße und in der Marchlewskistraße an. Für ein Familienzentrum am Strausberger Platz baute er Kinderkurse auf, die großen Zulauf hatten. Regelmäßig zog es ihn auch an die Ostsee: An der Volkshochschule Wismar und auf dem Gutshof Ilow trainierte er über viele Jahre Taiji-Gruppen in Mecklenburg.

In Berlin verbrachte Jens damals viel Zeit auf dem Fahrrad – er raste förmlich durch die ganze Stadt, von einem Trainingsort zum anderen. Und da dies keine dauerhafte Lösung sein konnte, war eine Grundsatzentscheidung fällig: Wie soll es weitergehen? Wie können die laufenden Trainingsangebote und die wachsende Kursnachfrage verstetigt werden? Jens wollte endlich ein eigenes Trainingszentrum, ein eigenes Dojo, eine eigene Schule aufbauen, um in noch größerer Verlässlichkeit und erkennbarer Kontinuität arbeiten zu können. Diesen Wunsch erfüllte er sich – mit Zustimmung seiner Familie und mit tatkräftiger Unterstützung vieler Freunde – zum Jahreswechsel 2007/2008. Genau dreißig Jahre nach seinen ersten Judostunden gründete er seine eigene Schule in Berlin – die DAO-Kampfkunstschule & Naturheilpraxis. Sie befindet sich in einem Friedrichshainer Fabrikgebäude aus der Gründerzeit, ganz klassisch im zweiten Hinterhof.

Bereut hat Jens den Schritt in die Selbstständigkeit keinen einzigen Tag, jedenfalls habe ich nie einen solchen Satz gehört. Und wir haben uns oft darüber unterhalten, das Für und Wider diskutiert, die Risiken abgewogen. Jens hat die wunderbare Fähigkeit, seine Familie, seine engsten Freunde um Rat zu fragen, mit ihnen Kritikpunkte und Strategien zu diskutieren, Alternativen zu durchdenken, Vorschläge anderer aufzugreifen. Nicht jeder, der selbstständig ist, kann und will das.

Als Jens vor einigen Jahren laut darüber nachdachte, ein dreijähriges Hochschulstudium der Traditionellen Chinesischen Medizin aufzunehmen, war es seine Frau Arlette, die ihm ausdrücklich zuriet: Ja, das musst Du machen, wir können es gemeinsam schaffen – trotz der vielen Pflichten im Dojo und in den beiden Praxen, trotz Hausbau, trotz Ausbildungs- und Reisekosten. Nutze die Chance!

Dieses Master-Studium stellte eine ganz neue Herausforderung dar. Jens musste die gängige Fachliteratur studieren, in den zentralen Lehrfächern Hausarbeiten verfassen und sich in einem medizinischen Fachgebiet spezialisieren. Er entschied sich für das komplexe Thema Burnout, das langsam auch in China an Bedeutung gewinnt. Inzwischen behandelt er immer mehr Patienten mit diesem Beschwerdebild.

Natürlich waren für Jens die vergangenen fünfundzwanzig Jahre nicht nur Jahre des Lernens, des Investierens, sondern auch Jahre des Vorwärtskommens, der Anerkennung, des Erfolgs. Und es waren Jahre des Ausprobierens, des Vernetzens. Jens und Arlette haben in ihren Berliner Wohnungen nicht nur den Familienalltag gelebt, sondern regelmäßig auch Künstler, Musiker, Freunde eingeladen, Kunstausstellungen organisiert – und herrlich gefeiert. Mit ihrer Galerie Minerva knüpften sie ganz bewusst an die legendäre Tradition der Wohnungsausstellungen in Prenzlauer Berg an, die nach 1990 zu verschwinden drohte.

Daneben verfasste Jens eine Reihe eigener Bücher, die im von uns gemeinsam gegründeten Minerva Verlag Berlin erschienen sind, darunter eine Studie über Herbert Marcuses Gesellschaftskritik (1995), ein Reiseband „Notizen über China" (2003), ein wunderbares Kinderbuch mit Illustrationen von Eckbert Lösel „Tai Ji – was ist das?" (2007). Das Kinderbuch ist längst vergriffen.

Im Jahre 2014 feierte Jens seinen fünfzigsten Geburtstag. Dieses Jubiläum markierte einen biographischen Einschnitt – ein halbes Jahrhundert Lebenszeit! Ich bin mir sicher: Das neue Lebensjahrzehnt wird ein Jahrzehnt der Ernte sein – privat sowieso, aber auch in allen beruflichen Belangen. Ich wünsche Jens, dass er künftig mehr Freizeit hat – für sich und seine Familie, dass er sich künftig etwas mehr schont und erholt. Und ich freue mich auf weitere Jahrzehnte freundschaftlicher Vertrautheit – und auf viele weitere gemeinsame Projekte!

Dr. Andreas Trampe, Studium der Philosophie, Kulturwissenschaft und Kunstgeschichte in Leipzig, Sofia, Berlin; lebt und arbeitet in Berlin.

Dank

In den bisherigen Jahrzehnten intensiven Trainings durfte ich von mehreren Lehrern und Meistern lernen. Besonders dankbar bin ich: Hanshi Isao Ichikawa (Wien), Zhang Xiao Ping (Wien), Chen Xiao Wang (China), Ming Lei (China), Yürgen Oster (China, Spanien), Andreas Kühne (Thammavong) und anderen, denen ich zeitlebens verpflichtet bin. Es gibt viele Schüler, die mich bereits viele Jahre begleiten, denen ich dafür sehr dankbar bin, die ich aber hier unmöglich alle aufzählen kann.

Nichts wäre entstanden, ohne die Liebe meiner Frau und meiner Kinder, die mich seit Jahren in jeder Hinsicht unterstützen. Meinem Freund Andreas Trampe danke ich für die intensive Arbeit am Manuskript und die vielen positiven kritischen Anmerkungen. Herzlichen Dank vor allem auch an Detlef Günther und Alexandar Kuzmanovski, die bei der Fertigstellung dieses Buches viel Geduld mit mir bewiesen.

Anhang

Anmerkungen

1   Dieses Thema ist sehr alt, weshalb viele Autoren und Übersetzer den Begriff einfach im Chinesischen belassen, wie zum Beispiel in früheren Übersetzungen Richard Wilhelm oder recht aktuell Ralf Moritz, um nur einige prominente Autoren zu nennen. Ganz aktuell hat der Taiji-Meister Yürgen Oster eine Interpretation des Dao De Jing vorgelegt; vergleiche im Literaturverzeichnis.

2   Es gibt für dieses Werk sehr verschiedene Übersetzungsvorschläge; dieses hier online: http://www.tao-te-king.org/. Zugriff am 16.4.2015. Richard Wilhelm macht folgenden Vorschlag: „Der Sinn, der sich aussprechen lässt, ist nicht der ewige Sinn." (S. 41) und bei Ernst Schwarz heißt es: „Sagbar das Dau, doch nicht das ewige Dau." (S. 51) Bei Yürgen Oster heißt es: „Der Weg, den wir weisen, ist kein dauernder Weg." (Kapitel 1)

3   Josefine Zöller: Das Tao der Selbstheilung. Die Chinesische Kunst der Meditation in der Bewegung. Frankfurt/Berlin 1989: „Dieses Buch stammt aus der Zhou Dynastie (11.-7. Jht.v. Chr.); bis in das 2. Jahrhundert vor unserer Zeitrechnung wurde es ergänzt." (S. 13)

4   Maoshing Ni: Der Gelbe Kaiser. Das Grundlagenwerk der traditionellen chinesischen Medizin.1995/2005, S. 16/17. Oder englisch von Sabine Wilms: Übersetzung des Suwen. In: http://www.happygoat-productions.com/blog/. Zugriff am 18.12.2015: „Qí Bó answered: As for people in the most ancient past, their knowledge of the Dào [was such that they] modeled themselves after yīn and yáng, harmonized [their actions] with the various arts of divination and calculations, knew the perfect measure in their food and drink, had constancy in their periods of rest and activity, and did not recklessly tax their bodies by excessive physical activity. For this reason, they were able to keep their body and spirit together and thus live out their Heavenly [allotted] years to the end, only departing after more than a hundred years of age."

5   Georg Wilhelm Friedrich Hegel: Phänomenologie des Geistes. Suhrkamp, Frankfurt Main 1986, S. 24f.

6   Siehe Jens Behrens: Weisheit und Wirklichkeit. Notizen über Hermann Hesse unter besonderer Betrachtung der philosophischen Bezüge zu Indien und China. Minerva Verlag Berlin 2000.

7   Zhuang Zi: Das wahre Buch vom südlichen Blütenland. Buch XI, Absatz 1; Übersetzung Wilhelm.

8   Ebenda, Vers 64.

9   Max Weber: Die protestantische Ethik und der Geist des Kapitalismus. In: Archiv für Sozialwissenschaft und Sozialpolitik, 20. Bd., Heft 1, S. 1-54, 1904; 21. Bd., Heft 1, S. 1-110, 1905. Erstdruck der umgearbeiteten Fassung in: Gesammelte Aufsätze zur Religionssoziologie, Bd. I, Tübingen (Mohr Siebeck) 1920, S. 17-206.

10   Diese Zusammenfassung habe ich Meister Andreas Kühne von der Thammavong Schule Neustrelitz zu verdanken.

11   Hua Tuo entwickelte der Legende nach das Qigong-System der Fünf Tiere Wu Qin Xi.

12   Nabil Ranné: Gibt es einen Unterschied zwischen Taji und Qigong? (2009). Online unter: http://www.ctnd.de/wissenswertes/36-artikel/132-art-taiji-qigong.html, Zugriff am 6.1.2015.

13   Siehe Thomas Heise: „Qigong in der VR China: Entwicklung, Theorie und Praxis", in der Reihe „Das transkulturelle Psychoforum", Bd. 8, Verlag für Wissenschaft und Bildung 1999.

14   Deutsche Gesellschaft für Gesundheits-Qigong. Online: http://www.gesundheit-qigong.de/gesundheits-qigong/ (Zugriff am 10.1.2014).

15   Der Autor des vorliegenden Textes hat dieses Qigong Anfang der 90er Jahren von dem chinesischen Taiji- und Qigong-Meister Zhang Xiao Ping in Wien gelernt und seitdem an Hunderte Schüler und Patienten unterschiedlichen Alters mit großem Erfolg weitergegeben.

16   Lü Ming, Martin Schweizer, Hu Jun: Qigong in Chinese Medicine. China 2011.

17   Siehe zum Beispiel Elisabeth Friedrichs: Qigong Yangsheng – Übungen der Traditionellen Chinesischen Medizin (TCM) – als Begleittherapie bei Migräne und Spannungskopfschmerz. Universität Witten Herdecke (Dissertation), 2003. Johann Böltz; Wilfried Belschner (Hrsg.): Qigong und Rehabilitation. 3. Deutsche Qigong Tage. Theorie und Praxis des Qigong. Informationen zur wissenschaftlichen Weiterbildung 65. 2000, Universität Oldenburg. Ingrid Reuter: Qigong Yangsheng als komplementäre Therapie bei Asthma Egelsbach Frankfurt: Deutsche Hochschulschriften (Dissertation) 1997. Pyfer Schmitz-Hübsch et al.: Qigong in Parkinson's disease – a randomized, controlled study. Universität Bonn, 2003.

18   Jens Behrens: Das Burnout-Syndrom aus Perspektive der chinesischen Medizin unter besonderer Berücksichtigung klassischer Rezepturen. In: Qi – Zeitschrift für Chinesische Medizin. 01/2014, S. 32-36.

19   Lü Ming, Schweizer, Hu Jun: Qigong in Chinese Medicine. China 2011, S. 158ff.

20   Maik Albrecht, Frank Rudolph: Wu. Ein Deutscher bei den Meistern in China. Palisander Chemnitz 2011, S. 27.

21   Diese Unterscheidung nimmt auch die German Qigong Association vor.

22   Charles T. McGee, Effi Poy Yew Chow: Miracle Healing from China... Qigong. Coer d'Alene, USA 1994. Ich selber erlernte dieses Qigong in der Thammavong Schule Neustrelitz, dessen Meister Andreas Kühne die Übungen persönlich von Dr. Chow erlernte.

23   Yürgen Oster: Seidenfaden-Qigong. Edition Drei Säulen, Norderstedt 2014, S. 7.

24   Oft zitiert, so zum Beispiel: Li Wu, Jiao Fenè: Gesund und ausgeglichen mit Taiji und Qigong. Augsburg 1998, S. 9.

25   Es gibt unzählige Schriften zu diesem Thema. Ein recht umfangreiches Beispiel lieferte Z.J. Song: T'ai-Chi Ch'üan. Die Grundlagen. Piper, München 1991/1998, S. 50ff.

26   Es sei angemerkt, dass der Begriff „innere Kampfkunst" in der Literatur stark diskutiert und zum Teil als überholt angesehen wird. So erklärt der in Deutschland seit vielen Jahren bekannte Dr. Stephan Langhoff, dass dieser Begriff heute nicht mehr haltbar sei. Langhoff betont, dass „Chen Changxing die 'Internals' außerhalb seines Dorfes gelernt hatte. Und zwar in einem Kloster im Tang-Dorf zusammen mit den Li-Brüdern". Siehe: http://www.nairiki.postureinside.com/yanglu chan.html. Zugriff am 05.01.2015.

27   Kai Filipiak: Die chinesische Kampfkunst. Spiegel und Element traditioneller chinesischer Kultur. Leipziger Universitäts-Verlag 2001, S. 127.

28   Heute wird unter dem Großmeister Chen Xiao Wang in diesem Ort eine regelrechte Taiji-Hochburg aufgebaut. Das dortige Taiji-Museum verdeutlicht viele Aspekte der Clan-Geschichte am Ursprungsort.

29   Ein Beispiel ist der Stammbaum von Jan Silbersdorf in: Chen. Lebendiges Taijichuan im klassischen Stil. München 20013/05, S. 48ff. Dieses Buch liefert eine solide Einführung in den Chen-Stil.

30   Vergleiche die Dissertationsschrift von Kai Filipiak: Die chinesische Kampfkunst. Spiegel
        und Element traditioneller chinesischer Kultur. Leipziger Universitätsverlag 2001.

31   Ebenda, S. 134ff. Es gibt in der einschlägigen Literatur genügend Kommentare dazu, weshalb
        hier zunächst keine nähere Diskussion erfolgt.

32   Zitiert von Jan Silbersdorf: Chen. München 2003, S. 40.

33   Lao Vongvilay, Oliver Bottini: Das Taiji der Fünf Tiere. Meditation in Bewegung.
        Frankfurt Main 2006, S. 16.

34   Barbara Mögling, Klaus Mögling: Handbuch für Tai Chi Chuan und Körperarbeit.
        Aachen 1991, S. 30.

35   Michael Wenzel: Taijiquan aus dem Blickwinkel der Wissenschaft.
        In: Gesund bleiben mit Taijiquan. Themenheft 1.

36   Ebenda.

37   Ärzteblatt online: http://www.aerzteblatt.de/nachrichten/49071/Parkinson-Tai-Chi-verbessert-
        Balance-und-vermeidet-Stuerze. Zugriff am 5.1.2014. Das Abstract der Original-Studie findet
        man hier: Fuzhong Li, Peter Harmer, Kathleen Fitzgerald, Elizabeth Eckstrom, Ronald Stock,
        Johnny Galver, Gianni Maddalozzo and Sara S. Batya: Tai Chi and Postural Stability in Patients
        with Parkinson's Disease. Abstract bei The New England Journal of Medicine
        online: http://www.nejm.org/doi/full/10.1056/NEJMoa1107911. Zugriff am 5.1.2014.
        Weitere Links zum Thema „Taiji und Parkinson" online unter: http://www.taiji-europa.de/
        taichi-taiji/tai-chiuebengen/ tai-chi-parkinson/. Zugriff am 5.1.2014.

38   Chinesischer Wushu Verband: Taijiquan in 48 Figuren, Verlag für fremdsprachige Literatur.
        Beijing 1999, S. 14.

39   Jan Silberstorf: Chen. München 2013, S. 314ff.

40   Auffällig ist die Tendenz in moderner Zeit, die alten lyrischen Namen durch bloße Funktions-
        bezeichnungen zu ersetzen. Bei den Bildernamen muss man sich bewusst sein, dass hier oft
        eine sehr verschiedene Interpretation der Zeichen vorgenommen wird. Sie sind also nicht als
        Dogma aufzufassen. Sowieso lernt man ab einem bestimmten Niveau nicht mehr mit Bildernamen.
        Das ist eher eine Hilfestellung für die ersten Zugänge zum Erlernen der Form. Mehr nicht!

41   Vergleiche die Ausführungen des Deutschen Wushu-Fachverbandes: „Vergaben früher vier
        Eckschiedsrichter und ein Hauptkampfrichter jeweils maximal zehn Punkte, so wurde nun ein
        zehnköpfiges Schiedsrichtergremium eingeführt, das mit unterschiedlicher Aufgabenverteilung
        mit bis zu 5 Punkten die Bewegungsqualität, mit bis zu 3 Punkten Aspekte wie Vorführungsniveau,
        Kraft, Rhythmus, geistiger Ausdruck und Choreographie und mit bis zu 2 Punkten die
        Ausführung der 'Bewegungen mit speziellem Schwierigkeitsgrad' bewertet."
        Online: http://www.wushudwf.de/pages/wushu/wushu-wettkampfsport.php. Zugriff am 16.4.2015.

42   Die konkrete Ausführung unserer Formen verdanke ich dem Training mit verschiedenen Meistern,
        wie zum Beispiel Meister Zhang Xiao Ping (Wien), Meister Chen Xiao Wang (China), Meister Ming
        Lei (China), Meister Yürgen Oster (Wudang) und anderen.

43   Linda Lee: Bruce Lees Jeet June Do. Falken Niedernhausen/Ts. 1994, S. 17.

44   Vergleiche dazu die Ausführungen in unserem Kapitel über Pädagogik im Kindertraining.

45   Laozi: Daodedsching, Wilhelm, Vers 33.
46   Laozi: Daodedsching, Wilhelm, Vers 68.

47   Vergleiche die Inhalte des DEW e.V. als Deutscher Spitzenfachverband für chinesische Kampfkünste
       und Gesundheitssport mit internationaler Anerkennung. Vertretung für Wushu, Kung Fu,
       Tai Chi (Taiji Quan), Sanda (Sanshou), Chi Gong (Qigong), Yang Shen und mehr. Mitglied in
       der EWuF und IwuF. Online: http://www.wushudwf.de/. Zugriff am 16.4.2015.

48   Kai Filipiak: Die chinesische Kampfkunst. a.a.O., S. 9.

49   Maik Albrecht, Frank Rudolpf: Wu. Ein Deutscher bei den Meistern in China. a.a.O., S. 26, 34ff.

50   Stephan Langhoff: Yang Luchan – Historie und Ursprung des Tai Chi Chuan im Lichte neuer
       Forschung. Online: http://www.nairiki.posture-inside.com/yang-luchan.html, Zugriff am 5.1.2015.

51   Stephan Langhoff, online: http://www.stephan-langhoff.info/. Zugriff am 5.1.2015.

52   Stephan Langhoff, online: http://www.stephan-langhoff.info/kampfkunst.htm. Zugriff am 5.1.2015.

53   Adriano Trevisan: Aikido. Das große Lehr- und Übungsbuch. Scherz, Bern 1991, S. 13.

54   Richard Wilhelm: Liä Dsi. Das wahre Buch vom quellenden Urgrund.
       Kapitel 20 „Der Kampfhahn". München 1967/1996, S. 70.

55   Vgl. den Klassiker von Chögyam Trungpa: Das Buch vom meditativen Leben.
       Rororo Hamburg 1991/2004.

56   Taisen Deshimaru-Roshi: Zen-Buddhismus und Christentum. Berlin 1978, S. 7.

57   Klaus Engel: Meditation: Geschichte, Systematik, Forschung, Theorie.
       Peter Lang Europäischer Verlag der Wissenschaften. Frankfurt/Main 1995/1999, S. 32ff.

58   Ebenda, S. 90ff.

59   Ebenda, S. 26.

60   Richard Wilhelm: Das Geheimnis der Goldenen Blüte. Diederichs. Nach Wilhelm wurde
       der Text lange mündlich, dann handschriftlich überliefert; der erste Druck stammt aus der
       Kiën-Lung-Zeit (18. Jahrhundert).

61   Mokusen Miyuki (Hg.): Die Erfahrung der goldenen Blüte. Scherz, Bern 2000.

62   Thomas Cleary: Die drei Schätze des Tao. Boston 1971 / Berlin 2012 und auch
       Thomas Cleary (Autor), Heinz Knotek (Übersetzer): Das Geheimnis der Goldenen Blüte:
       Das klassische Meditationshandbuch des Taoismus. Aurinia Verlag 2014.
       Weitere wichtige Publikationen: Upasaka Lu K'uan Yü zu Mahayana und Ch'an sowie die
       Ausführungen von Alan Watts zum Zen.

63   Yürgen Oster: Daoistische Meditation nach dem Zuo Wang Lun, der Abhandlung über das
       Sitzen in Vergessenheit von Sima Chengzhen. Norderstedt 2015.

64   Yürgen Oster: Tai Ji Quan. Das Dao in Bewegung. Teneriffa 2013 (Heidelberg 1997), S. 61 f.

65   Online: http://www.dvara.dhamma.org/VipassanaMeditation.dvara_vipassana.0.html?&L=1.
       Zugriff am 16.4.2015.

66   Vgl. die Widmung in: Bruce Frantzis: Die Tao-Meditation. Windpferd Oberstdorf 2006/08.
67   Ebenda, S. 31 f.

68   Mantak Chia: Tao Yoga der inneren Alchemie. München 1990/2006 oder auch:
       Tao Yoga des Heilens. München 2009.

69   Die JING DAO-Methode wurde in jahrzehntelangen theoretischen und praktischen Studien
       entwickelt und stellt den Beginn eines einfachen Zugangs zur daoistischen Tradition dar.

70   Udo Lorenzen: Nei Jing Tu – die Karte des inneren Gewebes. Online: http://www.abznord.de/
       Literatur/Fachartikel/Artikel%20Nei%20Jing%20Tu.htm, Zugriff 1m 16.4.2015.

71   Thomas Cleary: Die drei Schätze des Tao. Boston 1971/Berlin 2012, S. 8.

72   Ich studierte einige Jahre in Hangzhou bei namhaften Schülern und Kollegen von Prof. Wu Bo
       Ping und konnte mich von der Richtigkeit dieser Herangehensweise überzeugen. Natürlich ist
       hier vor allem auch das große Feld der Chinesischen Gesichtsdiagnostik angesprochen.

73   Taisen Deshimaro-Rochi: Zen in den Kampfkünsten Japans. München 1977, S. 104.

74   Es gibt die Legende über den Mönch Bodhidharma (440-etwa 528, 菩提達摩, Pútídámó oder
       kurz Damo 達摩), der sich über stetige Müdigkeit ärgerte, sich daraufhin die Augenlider entfernte,
       diese wegwarf und daraus der Teebaum wuchs. So ist Tee in China ein erprobtes Mittel auch
       gegen die Müdigkeit in der Meditation.

75   Vergleiche die Atemschule von Prof. Ilse Middendorf, die 1965 das „Ilse-Middendorf-Institut für
       den Erfahrbaren Atem" in Berlin gründete und damals mit der Ausbildung von Atemtherapeuten
       begann. Ihr Leitspruch: „Atem ist eine führende Kraft in uns, Atem ist Urgrund und Rhythmus
       des Lebens, Atem – ein Weg zum Sein." Online: http://www.atemtherapie-middendorf.de/
       informationen/der-erfahrbare-atem. Zugriff am 18.4.2015.

76   Vergleiche Björn Klug: Pilates und inverse Atmung. Wenn der Atem kopfsteht.
       Online: https://essentialtimes.wordpress.com/2011/06/19/pilates-und-inverse-atmung/Zugriff
       am 09.04.2015. Klug verweist auf den Atemforscher Gay Hendricks, der 30 Jahre zum Thema
       geforscht hat.

77   Vergleiche die Interpretation zum Beispiel von Udo Lorenzen: Mikrokosmische Landschaften –
       übergreifende Konzepte in der chinesischen Medizin. Verlag Müller & Steinicke, München 2006.

78   In seiner Übersetzung des daoistischen Basistextes „Geheimnis der Goldenen Blüte" wählte
       zum Beispiel Richard Wilhelm diese Bezeichnung für den Kleinen Kreislauf.

79   Thomas Cleary: Die drei Schätze des Tao. a.a.O., S. 22.

80   Laotse: Dao De Jing: Vers 2.

81   Yürgen Oster: Daoistische Meditation nach dem Zuo Wang Lun, der Abhandlung über das
       Sitzen in Vergessenheit. Norderstedt 2015, S. 25.

82   Richard Wilhelm: Liä Dsi – Das wahre Buch vom quellenden Urgrund. Diederichs, Kapitel 9,
       „Die Leere".

83   Tsai Tschih Tschung: Ein Taoist reitet den Wind. Lehrsprüche des Liä Dsi. Freiburg 1994, S. 64.

84   Siehe Ralf Moritz: Konfuzius – Gespräche. Leipzig 1988.

85   Das alles kann hier nur kurz skizziert werden und wird hoffentlich in weiteren Texten

ausführlicher diskutiert.

86   Siehe Arlette Behrens: Die Montessoripädagogik und das Kind mit dem Förderschwerpunkt
        Lernen am Beispiel der Klasse 2a der Nordendschule Eberswalde. Berlin 2014.

87   Siehe online: http://www.ziegler-munich.de/Zitate_von_Maria_Montessori.pdf.

88   Dr. Caroline Roblitschka und Dr. Heike Kraemer: Wude – „Tugenden" in den chinesischen
        Kampfkünsten. Online: http://blogs.epb.uni-hamburg.de/kuk2012/files/2012/08/Roblitschkau-
        Kraemer.pdf Zugriff am 10.4.2015.

89   Hermann Hesse: Das Glasperlenspiel. Zürich 1943, S. 347.

90   Senatsverwaltung für Arbeit, Integration und Frauen.
        Online:http://www.berlin.de/sen/frauen/keine-gewalt/haeuslichegewalt/ artikel.20187.php.
        Zugriff am 21.3.2015.

91   Vergleiche die Information des Berliner Senats.
        Online: http://www.berlin.de/sen/bildung/hilfe_und_praevention/gewaltpraevention/
        gewaltpraevention.html. Zugriff am 10.4.2015.

92   Mustafa Jannan: Das Anti-Mobbing-Buch: Gewalt an der Schule – vorbeugen, erkennen,
        handeln. Mit Elternheft und Materialien zum Cyber-Mobbing. Beltz Praxis 2010. Siehe auch
        „Das Anti-Mobbing-Elternheft".
        Online: http://www.unisiegen.de/elternuni/zum_nachlesen/mob_eltern_kopier_112010_2.pdf.
        Zugriff am 20.4.2015.

93   Siehe auch die Informationen der Berliner Polizei; zum Beispiel online: http://www.berlin.de/poli
        zei/service/waffenbehoerde/waffenrecht-uebersicht/. Zugriff am 4.4.2015.

94   Strafmaß: bis zu 10 Jahren Haft!

95   Vergleiche unter Notwehr online: http://www.gesetze-im-internet.de/stgb/__32.html.
        Zugriff am 19.4.2015. Vgl. auch § 227 Abs. 2 BGB, § 32 Abs. 2 Strafgesetzbuch,
        § 15 Abs. 2 OwiG.

96   Vergleiche die Ausführungen online: http://de.wikipedia.org/wiki/Notwehr_(Deutschland).
        Zugriff am 19.4.2015.

97   Vergleiche die diversen Veröffentlichungen hierzu auch online:
        file:///D:/Downloads/01_UNKinderrechtskonvention.pdf. Zugriff am 10.4.2015.

98   Jens Behrens: Wat willst'n? Prenzlauer Berg – ein kinderfreundlicher Stadtbezirk.
        Logos Berlin 1995, S. 40f. Es ist uns damals auch mit dem Berliner Verein „KinderRÄchTsZÄnker"
        nicht gelungen, den Verfasser dieses Textes zu ermittteln.

Literaturverzeichnis

- Albrecht, Maik, Rudolph, Frank: Wu - Ein Deutscher bei den Meistern in China. Palisander Verlag; Auflage: 1. (21. März 2011).

- Behrens, Jens: Das Burnout-Syndrom aus Perspektive der chinesischen Medizin unter besonderer Berücksichtigung klassischer Rezepturen. In: Qi – Zeitschrift für Chinesische Medizin. 01/2014, S. 32-36.

- Behrens, Jens: Weisheit und Wirklichkeit. Notizen über Hermann Hesse unter besonderer Betrachtung der philosophischen Bezüge zu Indien und China. Berlin 2000.

- Behrens, Jens (Hrsg.): Taiji – was ist das? Ein Buch für Kinder. Minerva Verlag Berlin 2007.

- Bensky, Dan/Barolet, Randall: Chinesische Arzneimittelrezepte & Behandlungsstrategien, VGM-Kötzting 1996.

- Bensky, Dan/Barolet, Randall: Chinese Herbal Medicine: Formulas & Strategies, Eastland Press 2009.

- Bensky, Dan/Barolet, Randall: Chinese Herbal Medicine: Materia Medica, Eastland Press 1993.

- Böltz, Johann; Belschner, Wilfried (Hrsg.): Qigong und Rehabilitation. 3. Deutsche Qigong Tage. Theorie und Praxis des Qigong 6. Informationen zur wissenschaftlichen Weiterbildung 65. Universität Oldenburg 2000.

- Chinesischer Wushu Verband: Taijiquan in 48 Figuren, Verlag für fremdsprachige Literatur, Beijing 1999.

- Chen Manch'ing: Dreizehn Kapitel zu Taijquan. Basel 1988.

- Chögyam Trungpa: Das Buch vom meditativen Leben. Rororo Hamburg 1991/2004.

- Cleary, Thomas: The Taoist Classics, Volume 1-4, Shambala 2003.

- Cleary, Thomas (Hrg), Fischer-Schreiber, Ingrid (Übersetzer) : Die drei Schätze des Tao. Berlin 2012.

- Der Gelbe Kaiser: Das Grundlagenwerk der Traditionellen Chinesischen Medizin. Maoshing Ni (Herausgeber) 2011.

- Dolin, Alexander, Popow, German: Kempo, die Kunst des Kampfes. Gebundene Ausgabe – Dezember 1999. Komet, Dezember 1999.

- Dr. Langhoff, Stephan in vielen Artikeln Online siehe z.B.: http://www.stephan-langhoff.info/Zugriff am 6.1.2015.

- Engel, Klaus: Meditation: Geschichte, Systematik, Forschung, Theorie. Peter Lang Europäischer Verlag der Wissenschaften. Frankfurt/Main 1995/1999.

- Frantzis, Bruce: Die Tao-Meditation. Windpferd Oberstdorf 2006/08.

- Frantzis, Bruce: Die Kraft der inneren Kampfkünste und des Chi. Windpferd Altrang 2008.

- Friedrichs, Elisabeth: Qigong Yangsheng – Übungen der Traditionellen Chinesischen Medizin (TCM) – als Begleittherapie bei Migräne und Spannungskopfschmerz, Universität Witten Herdecke (Dissertation), 2003.

- Filipiak, Kai: Die chinesische Kampfkunst: Spiegel und Element traditioneller chinesischer Kultur. Leipziger Universitäts-Verlag 2001.

- Focks, Claudia, Hillenbrand, Norman: Leitfaden Traditionelle Chinesische Medizin, Schwerpunkt Akupunktur. Gustav Fischer Verlag Ulm, Stuttgart, Jena 1997.
- Heise, Thomas: Qigong in der VR China: Entwicklung, Theorie und Praxis, Reihe „Das transkulturelle Psychoforum" Bd. 8, Verlag für Wissenschaft und Bildung, Berlin 1999.
- Hempen, Carl-Hermann, Ulrike Brugger (Illustrator): dtv – Atlas Akupunktur. Deutscher Taschenbuch Verlag, München 1999.
- Kaptchuk Ted J.: Das große Buch der chinesischen Medizin: Die Medizin von Yin und Yang in Theorie und Praxis. Knaur MensSana TB 2010.
- Kubiena, Gertrude, Zhang Xiao Ping: Taiji Quan: Die Vollendung der Bewegung. 24 Übungen - Yang-Stil - Peking Schule. Facultas/Maudrich 2002.
- Kubiena, Gertrude, Zhang Xiao Ping: Duft-Qigong. Ein einfacher Weg zu innerer Harmonie. Maudrich 2009.
- Lee, Linda: Bruce Lees Jeet June Do. Falken Niedernhause/Ts. 1994.
- Lind, Werner: Das Lexikon der Kampfkünste. SVB Sportverlag 1999.
- Lorenzen, Udo: Mikrokosmische Landschaften – übergreifende Konzepte in der chinesischen Medizin, Verlag Müller & Steinicke, München 2006.
- Lowenthal, Wolfe: Es gibt keine Geheimnisse. Chen Manching, Hamburg 2009.
- Laotze: Daodedsching. Übersetzt von Ernst Schwarz. Leipzig 1978.
- Laozi: Das Dao De Jing. In einer modernen Fassung von Yürgen Oster. Spanien/Norderstedt 2014.
- Lee, Linda: Bruce Lee's Kampfstil. Falken, Niedernhausen/Ts. 1994.
- Lao Vongvilay, Bottini, Oliver: Das Taiji der Fünf Tiere. Meditation in Bewegung. O.W. Barth. Frankfurt/M. 2006.
- Li Wu (Dr.), Prof. Jiao Fenè: Gesund und ausgeglichen mit Taiji und Qigong. Midena Augsburg 1998.
- Maciocia, Giovanni: Die Grundlagen der Chinesischen Medizin, VGM-Kötzting 2008.
- Maciocia, Giovanni: Die Praxis der Chinesischen Medizin, VGM-Kötzting 2011.
- Ming, Lü, Schweizer, Martin, Jun, Hu: Qigong in Chinese Medicine. China 2011.
- Mögling, Klaus: Tai Chi als sanfte Körpererfahrung. Niederhausen/Ts. 1987.
- Mögling, Barbara/Klaus: Handbuch für Taiji und Körperarbeit. Meyer & Meyer, Aachen 1991.
- Mögling, Barbara/Klaus: Taiji zu zweit. Partnerübungen des Taijiquan. Kolibri, Norderstedt 1992.
- Mokusen Mikuki (Hg).: Die Erfahrung der Goldenen Blüte. O.W. Barth, 2000.
- Oster, Yürgen: Tai Ji Quan. Das Dao in Bewegung. Teneriffa 2013 (Heidelberg 1997)
- Oster, Yürgen: Seidenfaden-Qigong. Norderstedt 2014.
- Oster, Yürgen: Dao Shi. Qigong im Wechsel der Jahreszeiten. Die Übungen des Chen tuan. Lotus 2005/Norderstedt 2013.
- Oster, Yürgen: Daoistische Meditation nach dem Zuo Wang Lun der Abhandlung über das Sitzen in Vergessenheit. Norderstedt 2015.·
- Reuther, Ingrid: Qigong Yangsheng als komplemetäre Therapie bei Asthma. Egelsbach Frankfurt: Deutsche Hochschulschriften (Dissertation) 1997.
- Schnorrenberger, Claus C: Lehrbuch der chinesischen Medizin. Area Verlag, Erftstadt 2005.
- Shen Nong (zugeschrieben): Shen Nong Ben Cao Jing, Beijing, Science & Technology Press 1996.

- Schmitz-Hübsch, Pyfer et al.: Qigong in Parkinson´s disease - a randomized, controlled study. Universität Bonn, 2003.
- Song Z.J.: T'ai-Chi Ch'üan. Die Grundlagen. Piper, München 1991/1998.
- Song Z.J.: T'ai-Chi Ch'üan. Übungen für Fortgeschrittene. Piper, München 1991/1998.
- Taisen Deshimaru-Roshi: Zen-Buddhismus und Christentum. Berlin 1978.
- Trevisan, Adriano: Aikido. Das große Lehr- und Übungsbuch. Scherz, Bern 1991.
- Unschuld, Paul (Übers.): Nan-ching. The classic of difficult Issues. University of California Press 1986.
- Upasaka Lu K'uan Yü: Die Geheimnisse der chinesischen Meditation. Bechtermünz, Augsburg 2000.
- Wang Shu-He: Mai Jing, The Pulse Classic (Übers.: Yang Shou-zhong, E.) Blue Poppy Press 1997.
- Watts, Alan: Vom Geist des Zen. Basel 1984.
- Weber, Max: Die protestantische Ethik und der Geist des Kapitalismus. In: Archiv für Sozialwissenschaft und Sozialpolitik, 20. Bd., Heft 1, S. 1-54, 1904; 21. Bd., Heft 1, S. 1-110, 1905. Erstdruck der umgearbeiteten Fassung in: Gesammelte Aufsätze zur Religionssoziologie, Bd. I, Tübingen (Mohr Siebeck) 1920, S. 17-206.
- Wilhelm, Richard: Laotse. Tao Te King. Diederichs 1978/1985.
- Wilhelm, Richard: Dschuang Dsi. Das wahre Buch vom südlichen Blütenland. Diederichs München 1988.
- Wilhelm, Richard: Liä Dsi. Das wahre Buch vom quellenden Urgrund. München 1967/1996.
- Wilhelm, Richard: Li Gi. Das Buch der Riten. Anaconda Verlag Köln 2007.
- Wilhelm, Richard: Kungfutse. Gespräche Lun-Yü. Diederichs München 2011.
- Maoshing Ni: Der gelber Kaiser. (Übersetzung des Huang Di Neijing) Frankfurt/M. 1995.
- Zhang Zhong-Jing: Jin Kui Yao Lue, (Luo, Übers. E): Synopsis Of Prescriptions Of The Golden Chamber, New World Press. New York 1995.
- Zhang Zhong-Jing: Shang Han Lun on cold Damage, Mitchell, C./Ye, F./Wiesemann, N. VGM-Kötzing 1999.
- Zöllner, Josefine: Das Tao der Selbstheilung. Die chinesische Kunst der Meditation in der Bewegung Ullstein, Frankfurt/M./Berlin 1989.

Übersichtsverzeichnis

Stichwort- und Personenverzeichnis

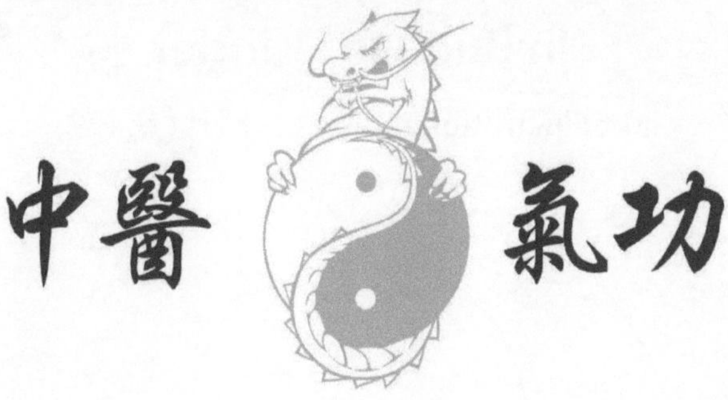

DAO-Naturheilpraxis
中醫 氣功
Chinesische Medizin · Akupunktur · Kräuter · Qigong
Jens Behrens · Heilpraktiker · Master of Chinese Medicine (ZCMU China) · www.jensbehrens.de

Taiji ist gesund, macht selbstbewusst und kommt aus dem alten China. Dass auch Kinder Taiji trainieren können, weiß noch nicht jeder. Durch Taiji lernen Kinder, wie man sich entspannt und konzentriert. Sie lernen den Körper zu spüren, die Balance zu halten und in einer Gruppe zu üben. Oft ahmt man beim Taiji spielerisch Tierbewegungen nach. Dieses Büchlein vermittelt sehr anschaulich Taiji-Basiswissen für Kinder und Eltern.

ISBN 978-3-940149-00-8   www.minerva-verlag-berlin.de